Cartes d'Étude

pour servir à l'Enseignement

de l'Histoire et de la Géographie

Par Marcel DUBOIS et E. SIEURIN

I. — L'ÉPOQUE CONTEMPORAINE
II. — L'EUROPE MOINS LA FRANCE

58 Cartes et 200 Cartons

Treizième édition, conforme aux programmes du 26 Juillet 1909, avec six Cartes refaites

MASSON ET Cⁱᵉ, ÉDITEURS

2 fr. 25

Cartes d'Étude

I. — L'ÉPOQUE CONTEMPORAINE
II. — L'EUROPE MOINS LA FRANCE

Cartes d'Étude

pour servir à l'Enseignement de

l'Histoire et de la Géographie

PAR MM.

Marcel DUBOIS

Professeur de Géographie coloniale à la Faculté des lettres de Paris
Maître de Conférences à l'École normale supérieure de jeunes filles de Sèvres

ET

E. SIEURIN

Professeur d'Histoire et de Géographie au Collège de Melun.

I. — L'ÉPOQUE CONTEMPORAINE
II. — L'EUROPE MOINS LA FRANCE

58 CARTES ET 200 CARTONS

Treizième édition, conforme aux programmes du 26 juillet 1909, avec 6 cartes refaites

---

PARIS

MASSON ET Cⁱᵉ, ÉDITEURS

120, BOULEVARD SAINT-GERMAIN

—

1912

CARTES D'ÉTUDE

pour servir à l'Enseignement

DE L'HISTOIRE ET DE LA GÉOGRAPHIE

Enseignement primaire supérieur

(Programmes du 26 juillet 1909)

1re Année : I. **Moyen âge et temps modernes. II. Principaux aspects du globe. — France.** 14e édition, avec 24 cartes nouvelles... **2 fr. 25**

2e Année : I. **Époque contemporaine. II. Europe moins la France.** 13e édition, avec 16 cartes nouvelles et 6 cartes refaites....................................... **2 fr. 25**

3e Année : I. **Le monde au XIXe siècle. II. Le monde moins l'Europe.** 13e édition, avec 8 cartes nouvelles et 9 cartes refaites.. **2 fr. 25**

Cahiers Sieurin

A l'usage de l'Enseignement primaire supérieur

(Programmes du 26 juillet 1909)

1re Année. — **Principaux aspects du globe. — France.** — 1 cahier petit in-4 de 80 pages, 3e édition. **75 c.**

2e Année. — **L'Europe (moins la France.)** — 1 cahier petit in-4 de 80 pages. 4e édition.............. **75 c.**

3e Année. — **Le Monde (moins l'Europe.)** — 1 cahier petit in-4 de 80 pages. 3e édition... .... **75 c.**

Cette publication a un but essentiellement pratique : économiser le temps de l'élève ; lui procurer le moyen de faire des croquis moins informes et plus profitables ; présenter sur le même cahier les résumés et les cartes ; permettre au professeur de s'assurer rapidement que le travail donné a été fait.

Ces cahiers peuvent encore être indiqués aux élèves qui ont à revoir leur Cours de Géographie pendant les vacances ; ils complètent donc les Cartes d'étude de la façon la plus heureuse.

HISTOIRE

La France de 1789
à la fin du XIXe siècle.

E. SIEURIN.

L'EUROPE VERS 1789

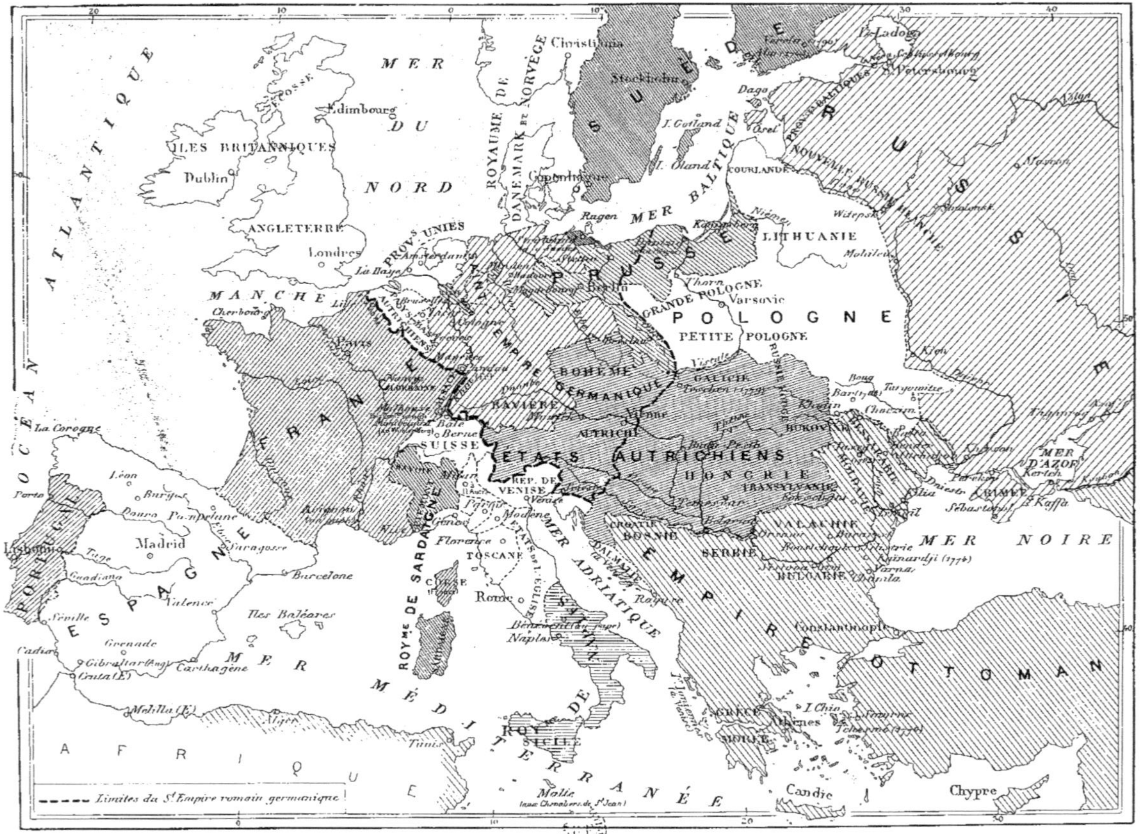

MASSON et Cⁱᵉ, éditeurs.

SIEURIN, del.

LA FRANCE ADMINISTRATIVE AVANT 1789

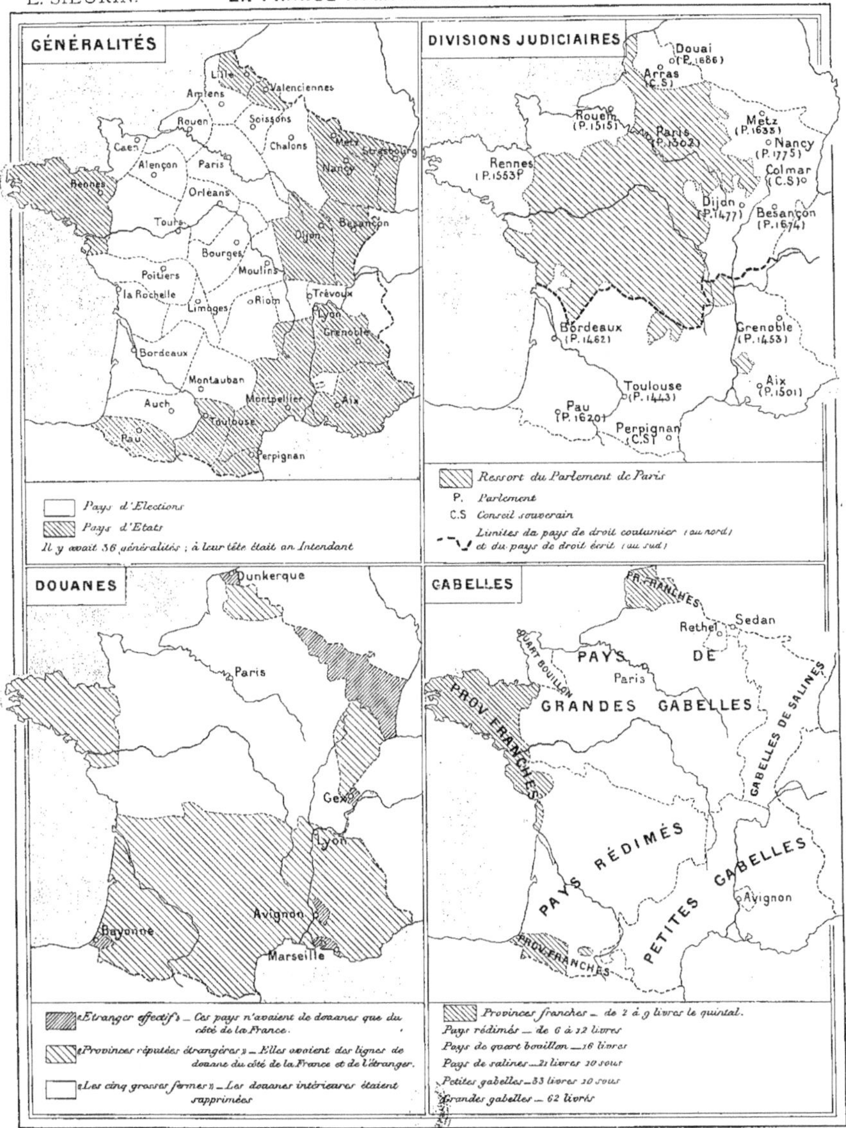

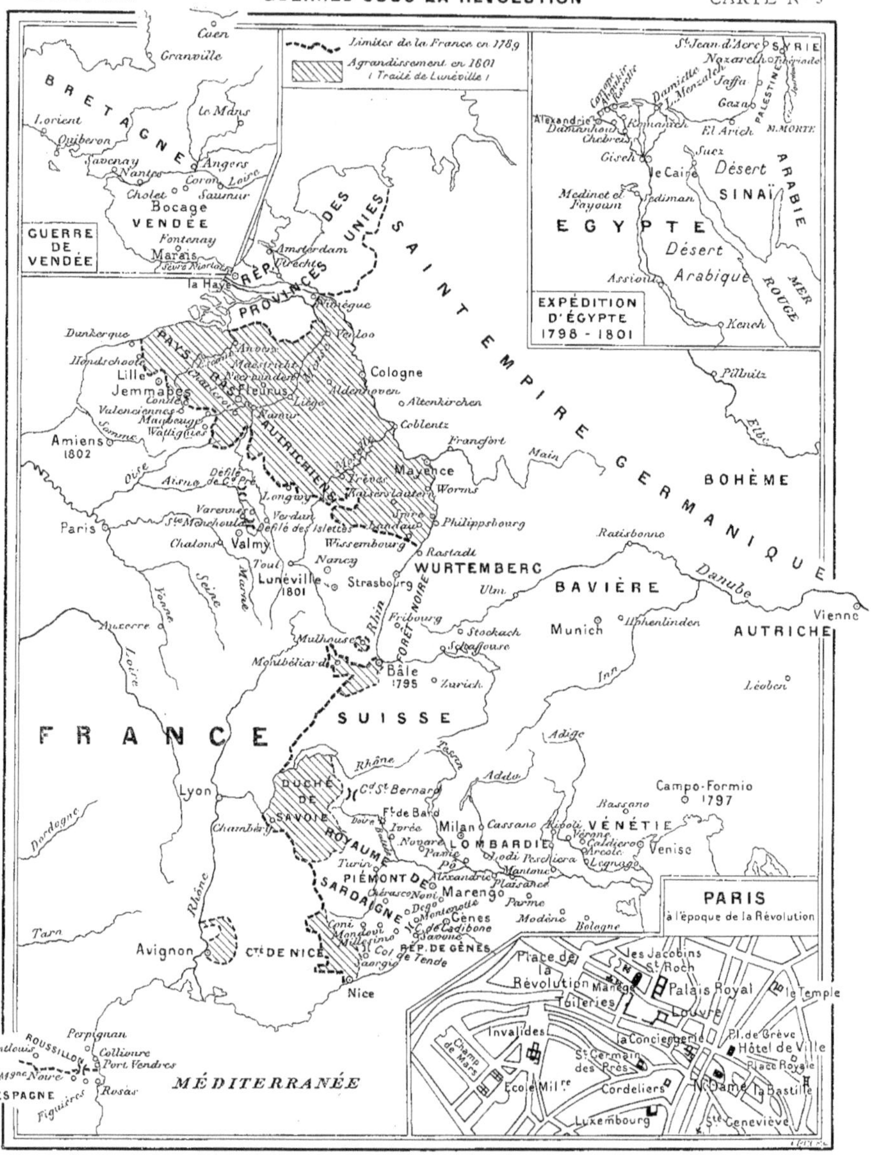

Limites de la France en 1789
Agrandissement en 1801
(Traité de Lunéville)

St Jean d'Acre — SYRIE
Nazareth — Tibériade
PALESTINE
Damiette — L. Menzaleh — Jaffa
Alexandrie — Rahmanieh — Gaza
Damanhour — El Arich — M. MORTE
Chebreis
Gizeh — Suez — ARABIE
le Caire — Désert
Medinet el Fayoum — Bediman — SINAÏ
EGYPTE — Désert Arabique
Assiout — MER ROUGE
EXPÉDITION D'ÉGYPTE 1798 - 1801
Keneh

Caen
Granville
BRETAGNE
Lorient — le Mans
Quiberon
Savenay — Angers
Nantes — Coron — Loire
Cholet — Saumur
Bocage
VENDÉE
GUERRE DE VENDÉE
Fontenay
Marais
Sèvre Niortaise

RÉP. DES PROVINCES UNIES
Amsterdam — Utrecht
la Haye — Nimègue
SAINT EMPIRE GERMANIQUE

Dunkerque — Venloo
Hondschoote — Anvers
Lille — Maestricht — Cologne
Jemmapes — Neerwinden — Aldenhoven
Conde — Fleurus — Liège — Altenkirchen
Valenciennes — Namur — Coblentz
Maubeuge
Wattignies — Somme
Amiens 1802 — PAYS-BAS AUTRICHIENS
Oise — Aisne — Défilé de l'Argonne
Francfort — Main
Mayence — BOHÈME
Trèves — Worms
Longwy — Kaiserslautern
Varennes — Verdun — Spire — Philippsbourg
Paris — Ste Menehould — Landau
Chalons — Valmy — Défilé des Islettes
Wissembourg — Ratisbonne
Toul — Nancy — Rastadt
Luneville 1801 — WURTEMBERG
Strasbourg — BAVIÈRE
Ulm — Danube
FORÊT NOIRE — Fribourg — Stockach — Munich — Hohenlinden — Vienne
Mulhouse — Schaffouse — AUTRICHE
Montbéliard — Rhin — Inn
Bâle 1795 — Zurich — Léoben

SUISSE
FRANCE
Lyon — Rhône — Adige — Tessin
Dordogne — Adda
DUCHÉ DE SAVOIE — Gd St Bernard — Campo-Formio 1797
Ft de Bard — Bassano
Chambéry — Doire — Ivrée — Milan — Cassano — Rivoli — VÉNÉTIE
ROYAUME — Novare — LOMBARDIE — Verone — Caldiero — Venise
Turin — Pavie — Lodi — Peschiera — Arcole — Legnago
PIÉMONT DE — Pô — Mantoue
SARDAIGNE — Cherasco — Novi — Alexandrie — Plaisance
Dego — Marengo — Parme
Coni — Montenotte — Modène — Bologne
Mondovi — Cadibone
Millesimo — Savone
CTÉ DE NICE — RÉP. DE GÈNES
Col de Tende — Gênes
Avignon
Nice
Saône — Marne — Seine — Yonne — Auxerre — Loire

Perpignan
Montlouis — ROUSSILLON — Collioure
Mgne Noire — Port Vendres
ESPAGNE — Figuières — Rosas
MÉDITERRANÉE

PARIS
à l'époque de la Révolution
les Jacobins
St Roch
Place de la Révolution — Manège — Palais Royal — le Temple
Tuileries — Louvre
Invalides — Pl. de Grève
la Conciergerie — Hôtel de Ville
Champ de Mars — St Germain des Prés — Place Royale
Ecole Milre — Cordeliers — N. Dame — la Bastille
Luxembourg — Ste Geneviève

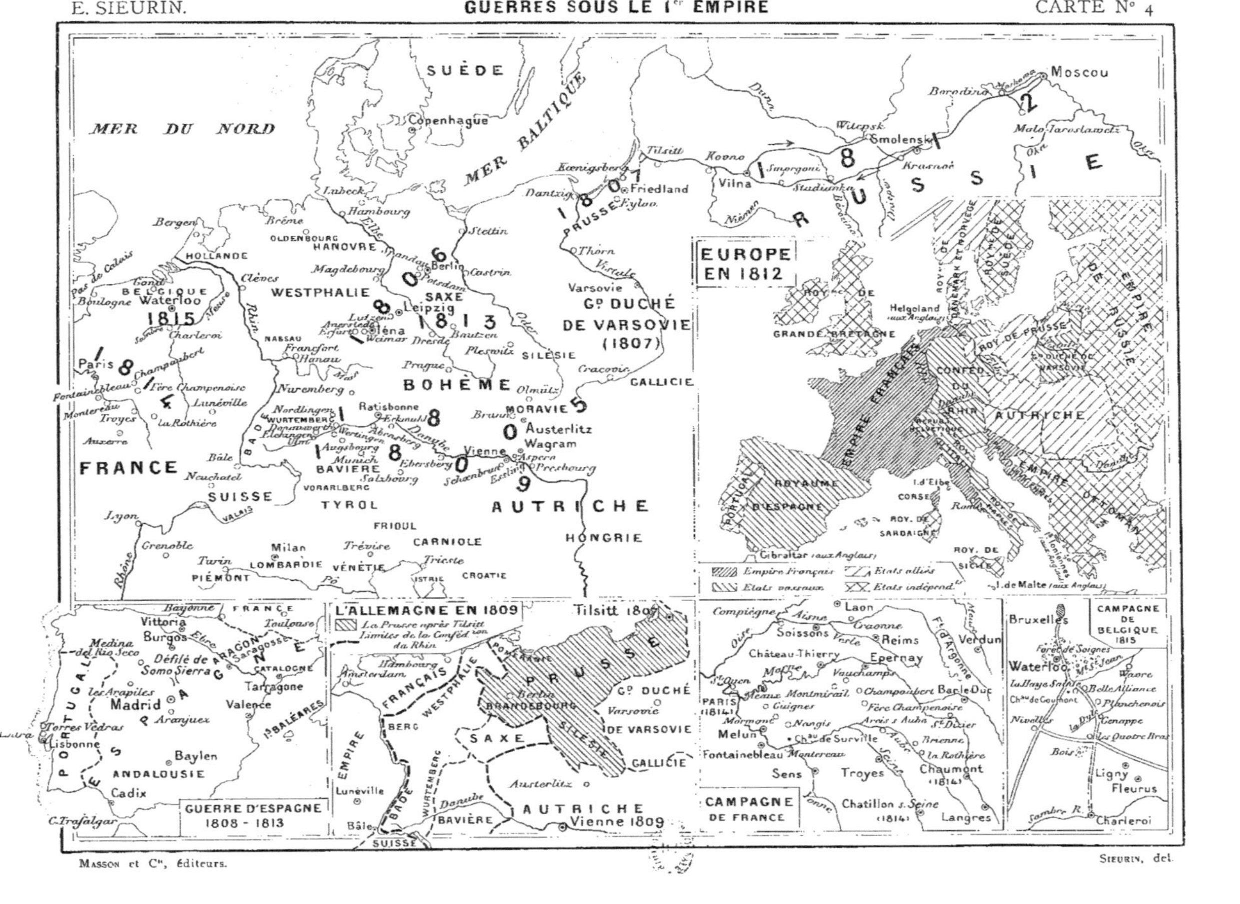
SUÈDE
MER DU NORD
MER BALTIQUE
Moscou
Copenhague
Borodino
Witepsk
Smolensk
Malo-Jaroslawetz
Tilsitt
Kovno
Smorgoni
Dantzig
Königsberg
Friedland
Eylau
Vilna
Studianka
PRUSSE
Krasnoé
1807
1812
RUSSIE
Lubeck
Brême
Hambourg
Stettin
Thorn
Bergen
OLDENBOURG
HANOVRE
Berlin
Castrin
Potsdam
HOLLANDE
Cleves
Magdebourg
WESTPHALIE
SAXE
Leipzig
Varsovie
Gᵈᵉ DUCHÉ
DE VARSOVIE
(1807)
BELGIQUE
Boulogne
Waterloo
Charleroi
1815
NASSAU
Francfort
Hanau
Lutzen
Auerstedt
Erfurt
Iéna
Weimar
Dresde
Bautzen
SILÉSIE
Cracovie
GALLICIE
Paris
1814
Fontainebleau
Fère Champenoise
Montereau
Troyes
la Rothière
Auxerre
Lyon
Grenoble
Prague
Olmütz
BOHÈME
MORAVIE
Nuremberg
Ratisbonne
Brunn
Austerlitz
Wagram
1809
Nordlingen
WURTEMBERG
Erknul
Donauwerth
Wertingen
Ulm
Elchingen
Augsbourg
Munich
Ebersberg
Aspern
Vienne
Essling
Schœnbrun
Presbourg
FRANCE
Bâle
Neuchatel
BADE
BAVIÈRE
Salzbourg
VORARLBERG
SUISSE
VALAIS
TYROL
FRIOUL
CARNIOLE
AUTRICHE
HONGRIE
Milan
Trévise
Trieste
Turin
LOMBARDIE
VÉNÉTIE
ISTRIE
CROATIE
PIÉMONT
Pô
EUROPE
EN 1812
ROY. DE
GRANDE BRETAGNE
Helgoland
(aux Anglais)
ROY. DE SUÈDE
DANEMARK ET NORVÈGE
ROY. DE PRUSSE
DUCHÉ DE VARSOVIE
EMPIRE DE RUSSIE
EMPIRE FRANÇAIS
CONFÉD. DU RHIN
CONFÉD. HELVÉTIQUE
AUTRICHE
EMPIRE OTTOMAN
ROYAUME D'ESPAGNE
PORTUGAL
I. d'Elbe
CORSE
ROY. DE SARDAIGNE
ROY. DE SICILE
Gibraltar (aux Anglais)
I. de Malte (aux Anglais)
Empire Français
États alliés
États vassaux
États indépend.
Bayonne
FRANCE
Vittoria
Burgos
Medina del Rio Seco
Défilé de
Somo Sierra
ARAGON
Toulouse
Saragosse
CATALOGNE
Tarragone
les Arapiles
Madrid
Aranjuez
Valence
BALÉARES
PORTUGAL
Torres Vedras
Lisbonne
Baylen
ANDALOUSIE
Cadix
C. Trafalgar
GUERRE D'ESPAGNE
1808 - 1813
L'ALLEMAGNE EN 1809
Tilsitt 1809
La Prusse après Tilsitt
Limites de la Conféd. du Rhin
Hambourg
Amsterdam
EMPIRE FRANÇAIS
BERG
WESTPHALIE
POMÉRANIE
Berlin
BRANDEBOURG
PRUSSE
SILÉSIE
Gᵈᵉ DUCHÉ
Varsovie
DE VARSOVIE
GALLICIE
SAXE
Lunéville
BADE
WURTEMBERG
Danube
BAVIÈRE
Bâle
SUISSE
Austerlitz
AUTRICHE
Vienne 1809
Compiègne
Aisne
Laon
Oise
Soissons
Craonne
Reims
Château-Thierry
Épernay
Marne
Verdun
Fᵗ d'Argonne
St Ouen
Meaux
Montmirail
Vauchamps
PARIS
(1814)
Champaubert
Bar le Duc
Fère Champenoise
Guignes
Nangis
Arcis s. Aube
St Dizier
Melun
Mormont
Brienne
Fontainebleau
Montereau
la Rothière
Sens
Troyes
Chaumont
(1814)
CAMPAGNE
DE FRANCE
Chatillon s. Seine
(1814)
Langres
Bruxelles
CAMPAGNE
DE BELGIQUE
1815
Forêt de Soignes
Waterloo
St Jean
Wavre
la Haye Sainte
Belle Alliance
Chau de Goumont
Plancenois
Nivelles
Genappe
les Quatre Bras
Bois
Ligny
Fleurus
Sambre R.
Charleroi

MASSON et Cⁱᵉ, éditeurs.
SIEURIN, del.

Gᵈᵉ DUCHÉ DE FINLANDE
GRANDE BRETAGNE ET IRLANDE
ÉCOSSE
MER DU NORD
NORVÈGE
Christiania
SUÈDE
Stockholm
St Pétersbourg
ESTHONIE
LIVONIE
COURLANDE
MER BALTIQUE
Glasgow
Édimbourg
IRLANDE
Dublin
Liverpool
Manchester
Birmingham
Bristol
Londres
Amsterdam
La Haye
ANGLETERRE
MANCHE
Iles Normandes (à l'Angleterre)
DANEMARK
Copenhague
Helgoland (à l'Angleterre)
HOLSTEIN
Brême
Hambourg
PAYS-BAS
HANOVRE
ROYᵐᵉ DE PRUSSE
LITHUANIE
ROYᵐᵉ DE POLOGNE
Varsovie
RUSSIE
Moscou
Paris (1814 1815)
Metz
Strasbourg
Mayence
Francfort
CONFÉDᵒⁿ GERMANIQUE
BOHÊME
ROYᵐᵉ DE WURTᵇᵍ
BAVIÈRE
Munich
Danube
GALICIE
Chatillon
Mulhouse
Montbéliard
Neuchâtel
SUISSE
Lyon
Avignon
EMPIRE D'AUTRICHE
Vienne
HONGRIE
TRANSYLVANIE
MOLDAVIE
BESSARABIE
Andorre
ESPAGNE
BALÉARES
ROYᵐᵉ DE SARDAIGNE
Turin
Gênes
Nice
TOSCANE
ÉTATS
CORSE
I. d'Elbe
DE L'ÉGLISE
Rome
MER ADRIATIQUE
BOSNIE
Belgrade
SERBIE
VALACHIE
Bucarest
Danube
BULGARIE
Sofia
ROUMÉLIE
Constantinople
MER NOIRE
Naples
ROYᵐᵉ DES DEUX-SICILES
Palerme
SICILE
ALBANIE
GRÈCE
Athènes
LIVADIE
EMPIRE OTTOMAN
ASIE MINEURE
CRÈTE
Malte (à l'Angleterre)
Limites de la Confédᵒⁿ Germanique
TERRITOIRES ENLEVÉS A LA FRANCE
au 2ᵉ Traité de Paris (20 Nov. 1815)
ROYAUME DES PAYS-BAS
Condé
Philippeville
Marienbourg
Chimay
Gᵈ DUCHÉ DE LUXEMBOURG
Luxembourg
ROYᵐᵉ DE PRUSSE
Meuse
Moselle
Thionville
Sarrelouis
Sarrebruck
BAVIÈRE RHÉNANE
Landau
Frontière française en 1815
SAVOIE
Chambéry
PRUSSE
Varsovie
POLOGNE
Lodz
(Royaume de 1815 à 1831)
SILÉSIE
GALICIE
Cracovie

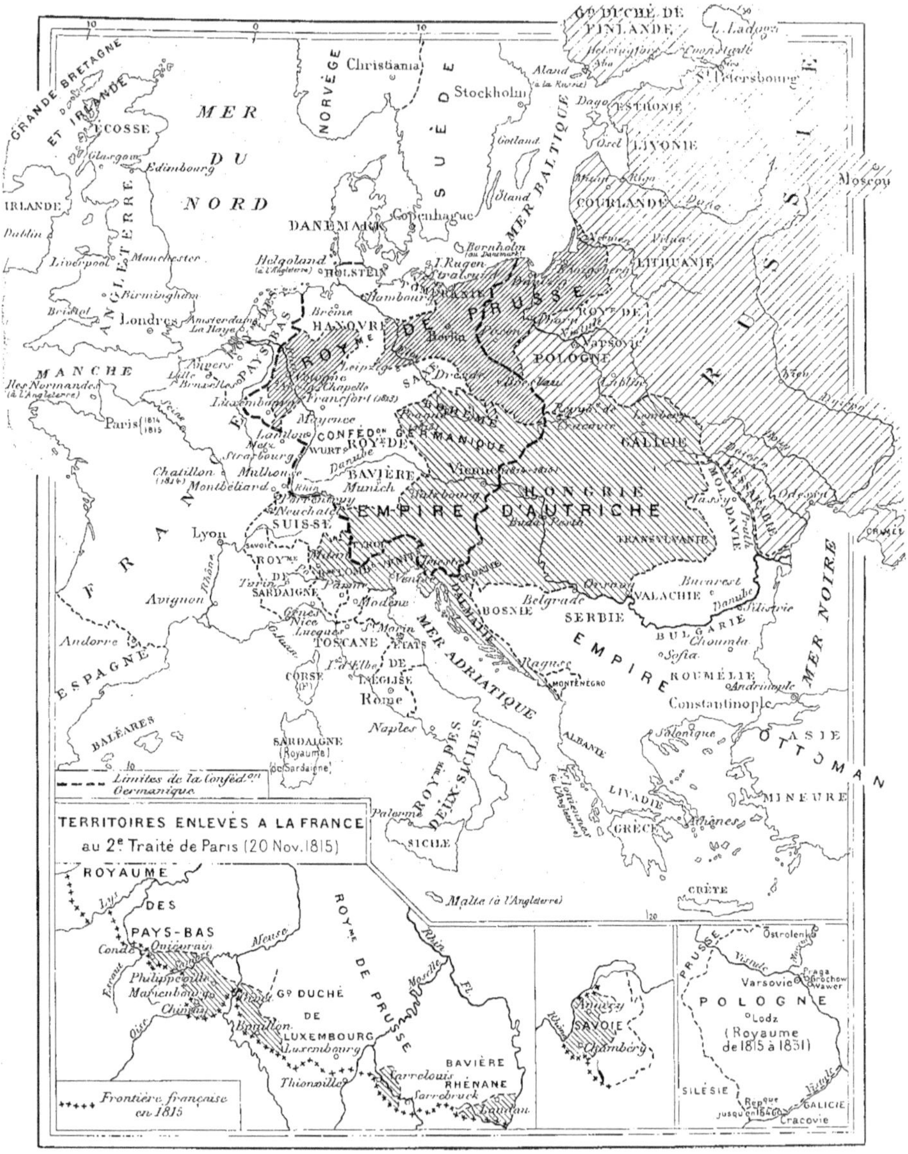

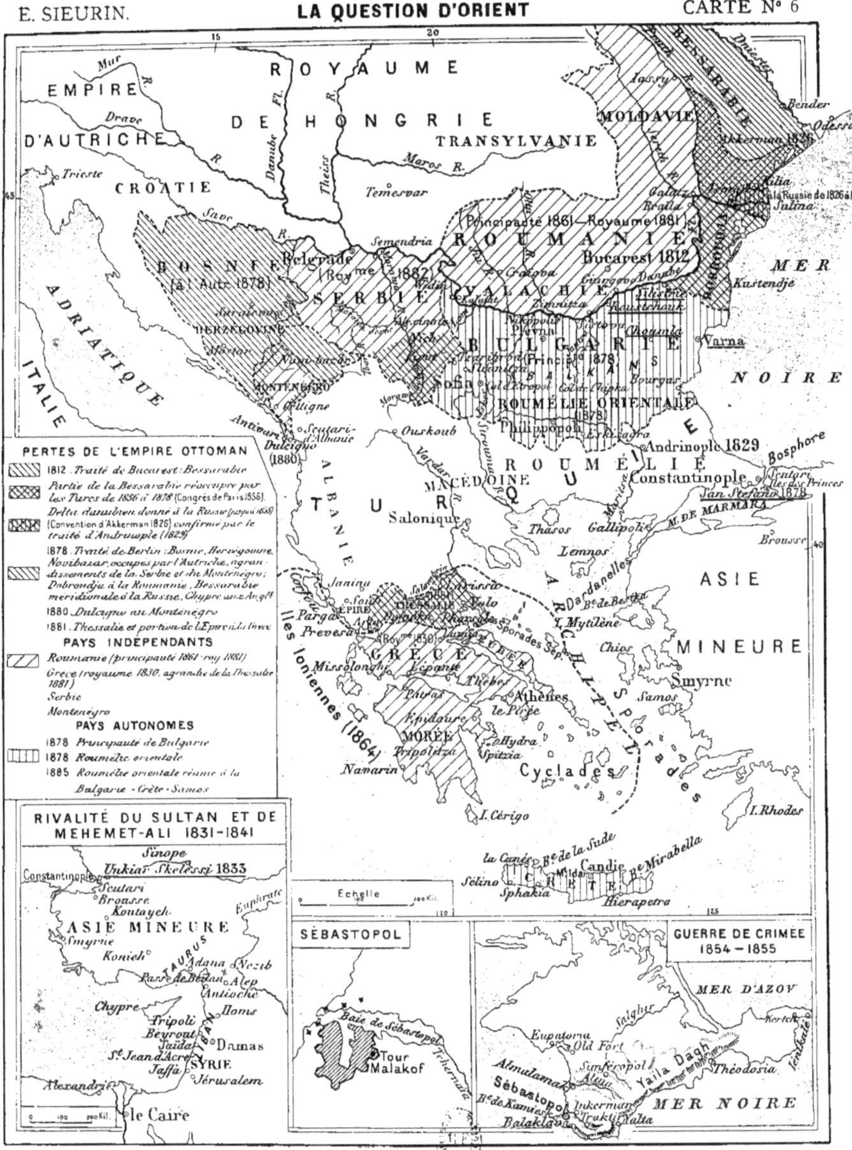
EMPIRE
D'AUTRICHE
ROYAUME
DE HONGRIE
TRANSYLVANIE
CROATIE
ADRIATIQUE
ITALIE
BOSNIE
(à l'Autr 1878)
SERBIE
HERZEGOVINE
MONTENEGRO
ALBANIE
Belgrade
(Roy.me 1882)
VALACHIE
BULGARIE
(Principe 1878)
ROUMÉLIE ORIENTALE
(1878)
MOLDAVIE
ROUMANIE
Bucarest 1812
(Principauté 1861 — Royaume 1881)
BESSARABIE
MER
NOIRE
Odessa
Bender
Varna
Bourgas
Kustendje
MACÉDOINE
TURQUIE
ROUMÉLIE
Salonique
Philippopoli
Andrinople 1829
Constantinople
Jan Stefano 1878
Bosphore
ASIE
MINEURE
Smyrne
Samos
Chios
L. Mytilène
Brousse
M. DE MARMARA
Dardanelles
Thasos
Gallipoli
Lemnos
ÉPIRE
Janina
Arta
Prevesa
Parga
Iles Ioniennes (1864)
GRECE
Roy.me 1830
Missolonghi
Lépante
Patras
Thèbes
Athènes
le Pirée
Épidaure
MORÉE
Tripolitza
Navarin
Hydra
Spitzia
Cyclades
Sporades Sep.
ARCHIPEL
SPORADES
I. Cérigo
I. Rhodes
la Canée
B.de de la Sude
Candie
B. de Mirabella
Sélino
CRÈTE
Sphakia
Hierapetra
PERTES DE L'EMPIRE OTTOMAN
1812. Traité de Bucarest: Bessarabie
Partie de la Bessarabie réoccupée par les Turcs de 1856 à 1878 (Congrès de Paris 1856)
Delta danubien donné à la Russie (jusqu'à 1858) (Convention d'Akkerman 1826) confirmé par le traité d'Andrinople (1829)
1878. Traité de Berlin: Bosnie, Herzégovine, Novibazar occupés par l'Autriche, agrandissements de la Serbie et du Monténégro; Dobrondja à la Roumanie, Bessarabie méridionale à la Russie, Chypre aux Angl.
1880. Dulcigno au Monténégro
1881. Thessalie et portion de l'Épire à la Grèce
PAYS INDEPENDANTS
Roumanie (principauté 1861 — roy. 1881)
Grèce (royaume 1830, agrandie de la Thessalie 1881)
Serbie
Monténégro
PAYS AUTONOMES
1878 Principauté de Bulgarie
1878 Roumélie orientale
1885 Roumélie orientale réunie à la Bulgarie - Crète - Samos
RIVALITÉ DU SULTAN ET DE MEHEMET-ALI 1831-1841
Sinope
Unkiar Skelessi 1833
Constantinople
Scutari
Brousse
Kontayeh
ASIE MINEURE
Smyrne
Konieh
Euphrate
Adana
Nezib
Passe de Beïlan
Alep
Antioche
Homs
Chypre
Tripoli
Beyrout
Saïda
St Jean d'Acre
Jaffa
Damas
SYRIE
Jérusalem
Alexandrie
le Caire
Echelle
SÉBASTOPOL
Baie de Sébastopol
Tour Malakof
GUERRE DE CRIMÉE
1854 - 1855
MER D'AZOV
Eupatoria
Old Fort
Kertch
Simféropol
Yaïla Dagh
Théodosia
Sébastopol
Inkerman
Balaklava
MER NOIRE

OCÉAN ATLANTIQUE
OCÉAN INDIEN
MÉDITERRANÉE
MER ROUGE
ARABIE
ÉGYPTE
SAHARA
SOUDAN
MAROC
ALGÉRIE
TRIPOLITAINE
NUBIE
KORDOFAN
DARFOUR
ABYSSINIE
NIGERIA
CAMEROUN
CONGO FRANÇAIS
CONGO BELGE
ANGOLA
AFR. ORIENT. ANGLAISE
AFR. ORIENT. ALLEMANDE
SOMALIE ANG.
SOMALIE ITALIENNE
SUD-OUEST AFRICAIN
ZAMBÈZE
SÉNÉGAL
GUINÉE FRANÇ.
GUINÉE PORTUG.
GUINÉE ANG.
SIERRA LEONE
LIBERIA
CÔTE D'IVOIRE
COLONIE DU CAP
NATAL
TRANSVAAL
Dakar
St Louis
Tombouctou
Tripoli
Le Caire
Alexandrie
Khartoum
Zanzibar (A)
Madagascar
Tananarive
Cabinda
le Cap
Durban
Walfish Bay
Angra-Pequena
Cap de Bonne Espérance
GOLFE DE GUINÉE
Équateur
Cancer
Tropique du Capricorne
I. Canaries
I. Madère
I. du Cap Vert
Ste Hélène (A)
I. Comores (F)
Diégo-Suarez
Mozambique
Canal de Mozambique
Echelle
Kilomètres
États indépendants
à l'Allemagne
à la France
à l'Italie
à l'Espagne
au Portugal
à l'Angleterre
à la Turquie
ABYSSINIE
ÉRYTHRÉE
TIGRÉ
AMAHARA
GODJAM
CHOA
Goldac
Aden (A)
Djibouti
Zeila (A)
Berbera
Harrar
Nil bleu
CONQUÊTE DE L'ALGÉRIE
MÉDITERRANÉE
ALGER (Juin 1830) (5 Juillet 1830)
Sidi-Ferruch
BEYLICAT DE TITTERI
Oran (Déc. 1830)
Constantine (1837)
Bougie (1833)
Philippeville (1838)
Bône (1832)
Collo
TUNIS
Bizerte
1881
TUNISIE
HAUTS PLATEAUX
SAHARA
Dj. Amour
Dj. Aurès
Tlemcen
Mostaganem
Mascara
Ouarsenis
Dahra
Cherchell
Médéa
Biskra (1844)
Batna
Lambèse
Tébessa (1842)
Portes de fer (1839)
I. Djerba
Echelle
Kilomètres
de 1830 à 1848
de 1848 à 1870
depuis 1870
Les premiers établissements français sont soulignés

Echelle
EMPᴿᴱ D'AUTRICHE
SUISSE
FORMATION
DE L'UNITÉ
ITALIENNE
1859
1866
1860 1861
1870
Rome
1860 1861
Royaume de Sardaigne
avant 1859
Pays cédés à la
France en 1860
ROYAUME
DE
SAVOIE
Annecy
Chambéry
LOMBARDIE
VÉNÉTIEN
VÉNÉTIE
Trieste
Turbigo
Navare
Vercelli
Milan
Solférino
Magenta
Vérone
Adige Fl.
Venise
Autriche
Mantoue
EMPᴿᴱ FRANÇAIS
Turin
PIÉMONT
Alexandrie
Montebello
Plaisance
Gênes
Parme
Modène
DUCHÉ DE
PARME
Dᵉ DE
Bologne
ROMAGNE
Pontremoli
MODÈNE
Cᵗᵉ DE
NICE
Nice
Menton
Monaco
la Spezzia
Sarzane
1847 à la Toscane
Arno
Florence
Livourne
Gᵈ DUCHÉ DE
TOSCANE
Rép. de St Marin
Ancône
Castelfidardo
(1860)
Lissa (1866)
DALMATIE
MER ADRIATIQUE
MARCHES
ÉTATS
OMBRIE
DE
I. d'Elbe
L'ÉGLISE
Rieti (1821)
DE
CORSE
à la France
Civita Vecchia
Rome
Mentana (1867)
ROYAUME
MER TYRRHÉNIENNE
I. Caprera
(1861) Gaëte
Volturno 1860
Capoue
Naples
DES
Capri
ROYAUME
DE
SARDAIGNE
Cagliari
DEUX — SICILES
CALABRE
(1860) Milazzo
Aspromonte (1862)
Palerme
Messine
Reggio
Marsala (1860)
SICILE
LE QUADRILATÈRE
L. de Garde
Vérone
Peschiera
Solférino
(1859)
Custozza
(1848-1866)
Villafranca
(1859)
Adige Fl.
Arcole
Goïto
(1848)
Mantoue
Legnago

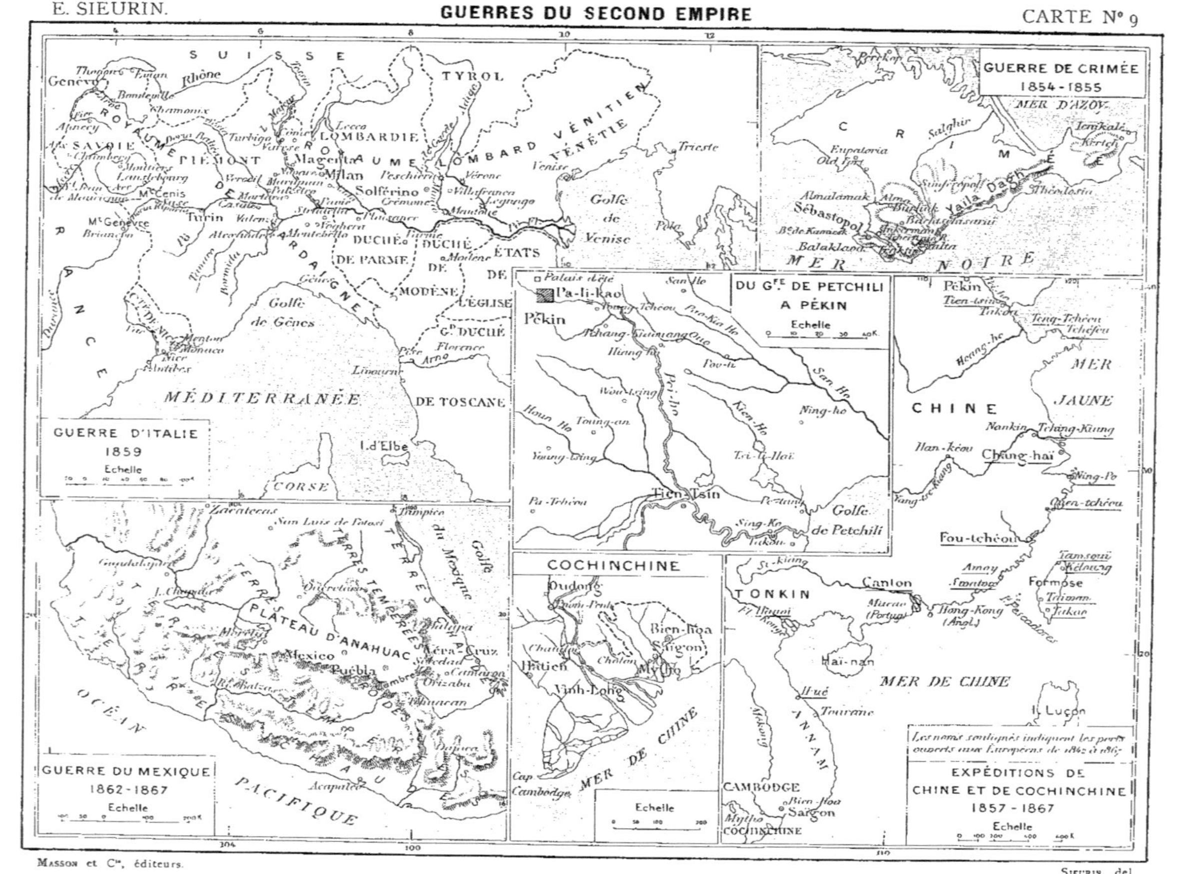
GUERRE DE CRIMÉE
1854-1855
MER D'AZOV
CRIMÉE
Salghir
Eupatoria
Old Fort
Sébastopol
Balaklava
Almalamak
Alma
Yalla Dagh
Théodosia
Ienikali
Kirtch
MER NOIRE

SUISSE
TYROL
Genève
Rhône
ROYAUME DE SAVOIE
PIÉMONT
LOMBARDIE
ROYAUME LOMBARD VÉNITIEN
VÉNÉTIE
Milan
Magenta
Solférino
Turin
Villafranca
Vérone
Venise
Trieste
Pola
Golfe de Venise
DUCHÉ DE PARME
DUCHÉ DE MODÈNE
MODÈNE
ÉTATS DE L'ÉGLISE
Gd DUCHÉ DE TOSCANE
Golfe de Gênes
SARDAIGNE
FRANCE
CTÉ DE NICE
Menton
Monaco
MÉDITERRANÉE
CORSE
Florence
Arno
Livourne
I. d'Elbe

GUERRE D'ITALIE
1859
Echelle

DU Gfe DE PETCHILI A PÉKIN
Echelle
Palais d'été
Pa-li-Kao
Pékin
San-Ho
Ning-ho
Kien-Ho
Pei-ho
Houn Ho
Toung-an
Tien-Tsin
Golfe de Petchili

CHINE
MER JAUNE
Pékin
Tien-tsin
Takou
Teng-Tchéou
Tchéfou
Heang-ho
Nankin
Tchang-Kiang
Chang-haï
Ning-Po
Han-kéou
Fou-tchéou
Amoy
Hong-Kong (Angl.)
Macao (Portug.)
Canton
Formose
Tamsoui
Keloung
Taïwan
Takao
MER DE CHINE

TONKIN
St-Kiang
Ft Ninai
Hai-nan
Hué
Touranne
ANNAM
Mékong
I. Luçon

COCHINCHINE
Oudong
Pnom-Penh
Bien-Hoa
Saigon
Cholen
Mytho
Vinh-Long
Hitien
Cap Cambodge
MER DE CHINE

CAMBODGE
Bien-Hoa
Saigon
Mytho
COCHINCHINE
Echelle

EXPÉDITIONS DE
CHINE ET DE COCHINCHINE
1857-1867
Echelle
Les noms soulignés indiquent les ports
ouverts aux Européens de 1842 à 1867

GUERRE DU MEXIQUE
1862-1867
Echelle
Zacatecas
San Luis de Potosi
Tampico
Golfe du Mexique
TERRES TEMPÉRÉES
PLATEAU D'ANAHUAC
Mexico
Puebla
Véra-Cruz
Orizaba
Soledad
Guadalajara
OCÉAN PACIFIQUE
Acapulco

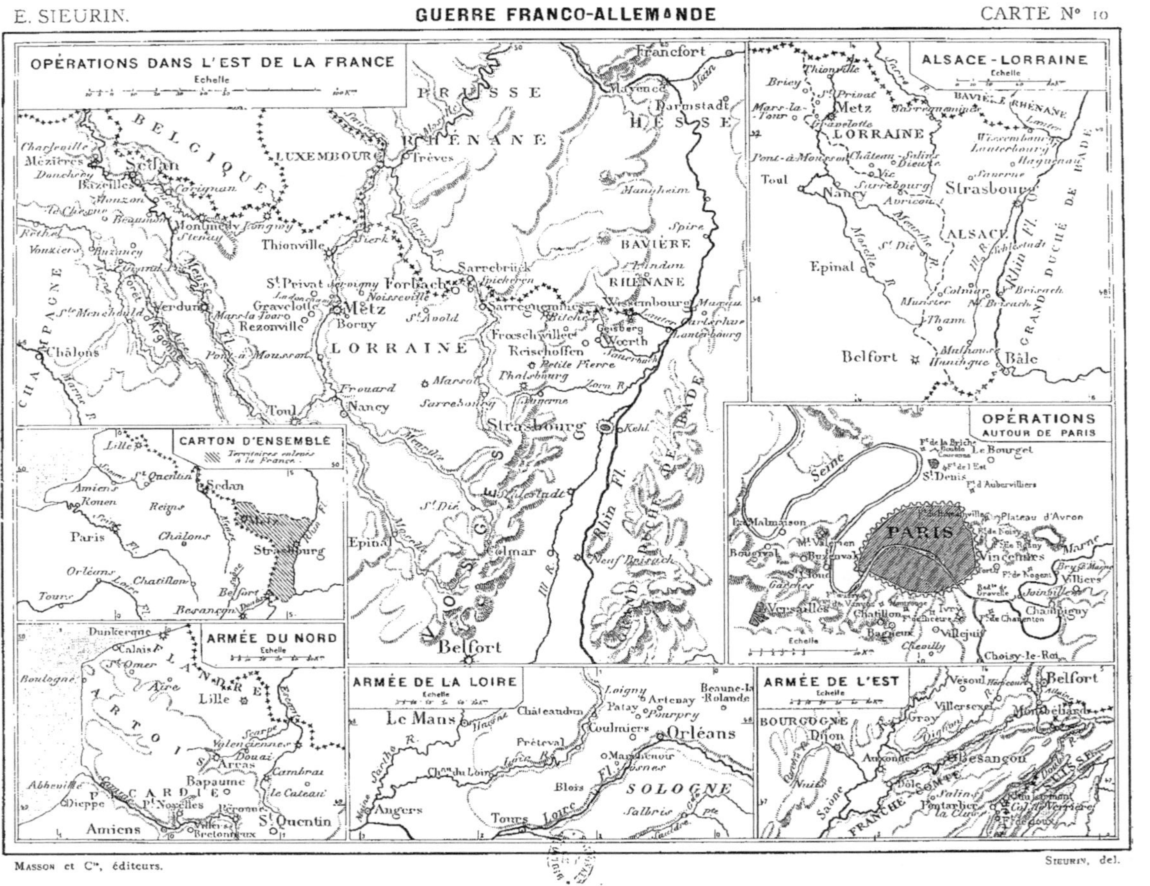
OPÉRATIONS DANS L'EST DE LA FRANCE
Echelle
ALSACE-LORRAINE
Echelle
CARTON D'ENSEMBLE
Territoires enlevés à la France.
OPÉRATIONS AUTOUR DE PARIS
Echelle
ARMÉE DU NORD
Echelle
ARMÉE DE LA LOIRE
Echelle
ARMÉE DE L'EST
Echelle
PARIS
PRUSSE RHÉNANE
HESSE
BELGIQUE
LUXEMBOURG
BAVIÈRE RHÉNANE
LORRAINE
CHAMPAGNE
ALSACE
VOSGES
GRAND DUCHÉ DE BADE
FLANDRE
ARTOIS
PICARDIE
SOLOGNE
BOURGOGNE
FRANCHE-COMTÉ
SUISSE
Francfort
Mayence
Darmstadt
Manheim
Spire
Trèves
Sedan
Mézières
Charleville
Donchéry
Bazeilles
Carignan
Montmédy
Longwy
Thionville
Stenay
Beaumont
Rethel
Vouziers
Buzancy
Verdun
Metz
St Privat
Gravelotte
Rezonville
Mars-la-Tour
Borny
St Avold
Forbach
Spicheren
Sarrebruck
Sarreguemines
Bitche
Wissembourg
Woerth
Froeschwiller
Reischoffen
Geisberg
Lauterbourg
Petite Pierre
Phalsbourg
Saverne
Marsal
Frouard
Nancy
Toul
Pont-à-Mousson
Sarrebourg
Strasbourg
Kehl
St Dié
Epinal
Colmar
Neuf Brisach
Belfort
Briey
Château-Salins
Vic
Dieuze
Haguenau
Munster
Thann
Mulhouse
Huningue
Bâle
Châlons
Paris
Amiens
Rouen
Reims
Orléans
Tours
Chatillon
Besançon
Dunkerque
Calais
St Omer
Boulogne
Aire
Lille
Valenciennes
Douai
Arras
Cambrai
Le Cateau
Bapaume
Abbeville
Dieppe
Péronne
St Quentin
Villers-Bretonneux
Le Mans
Châteaudun
Patay
Artenay
Loigny
Beaune-la-Rolande
Pourpry
Coulmiers
Orléans
Préteval
Marchenoir
Josnes
Blois
Salbris
Angers
Vesoul
Villersexel
Gray
Dijon
Auxonne
Nuits
Salins
Pontarlier
Montbéliard
Besançon
Belfort
Seine
Marne
Versailles
St Denis
Le Bourget
Mt Valérien
Bougival
Garches
Vincennes
Villiers
Champigny
Joinville
Bagneux
Villejuif
Choisy-le-Roi
Plateau d'Avron
La Malmaison

LES COLONIES FRANÇAISES

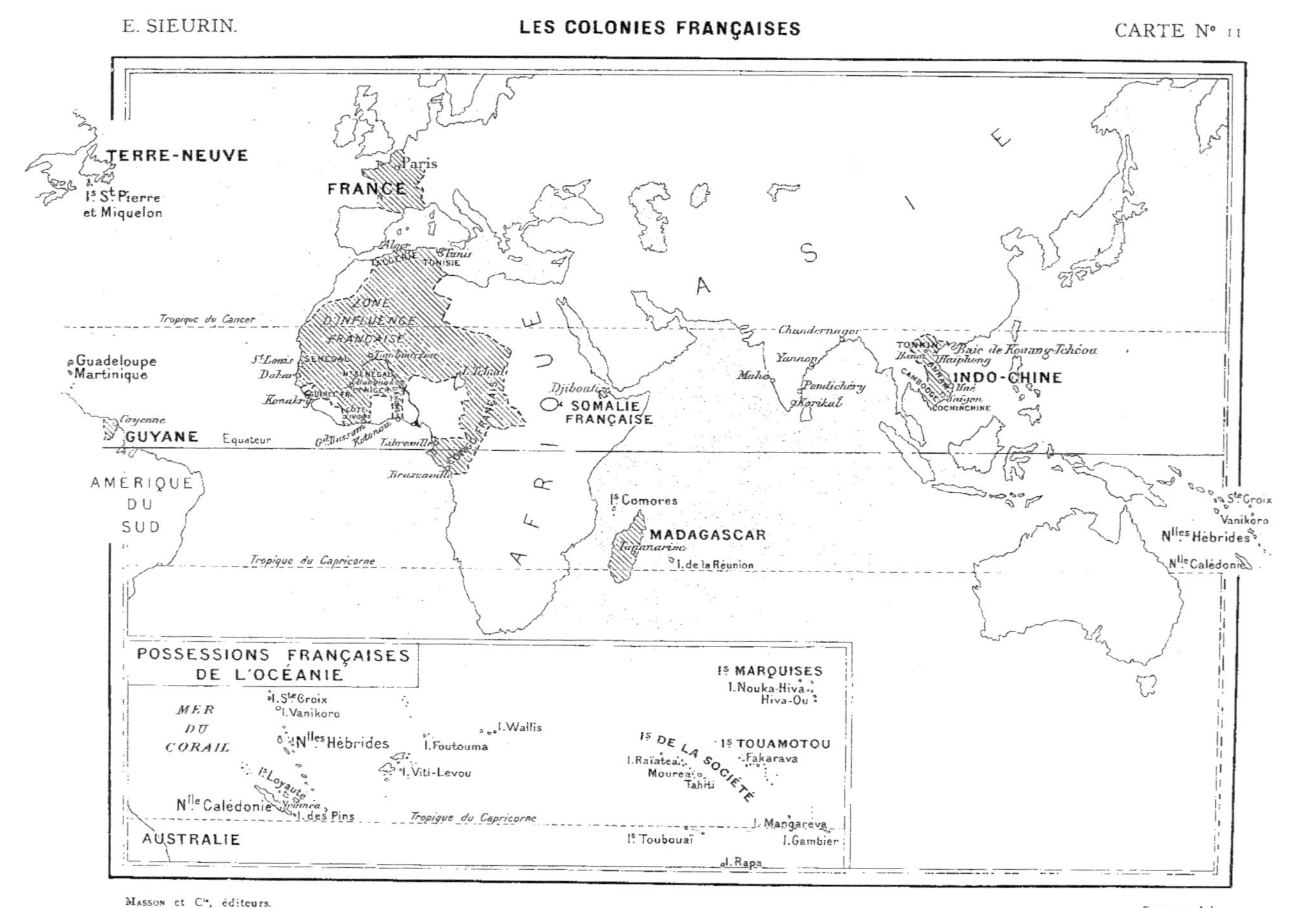

GÉOGRAPHIE

L'Europe moins la France.

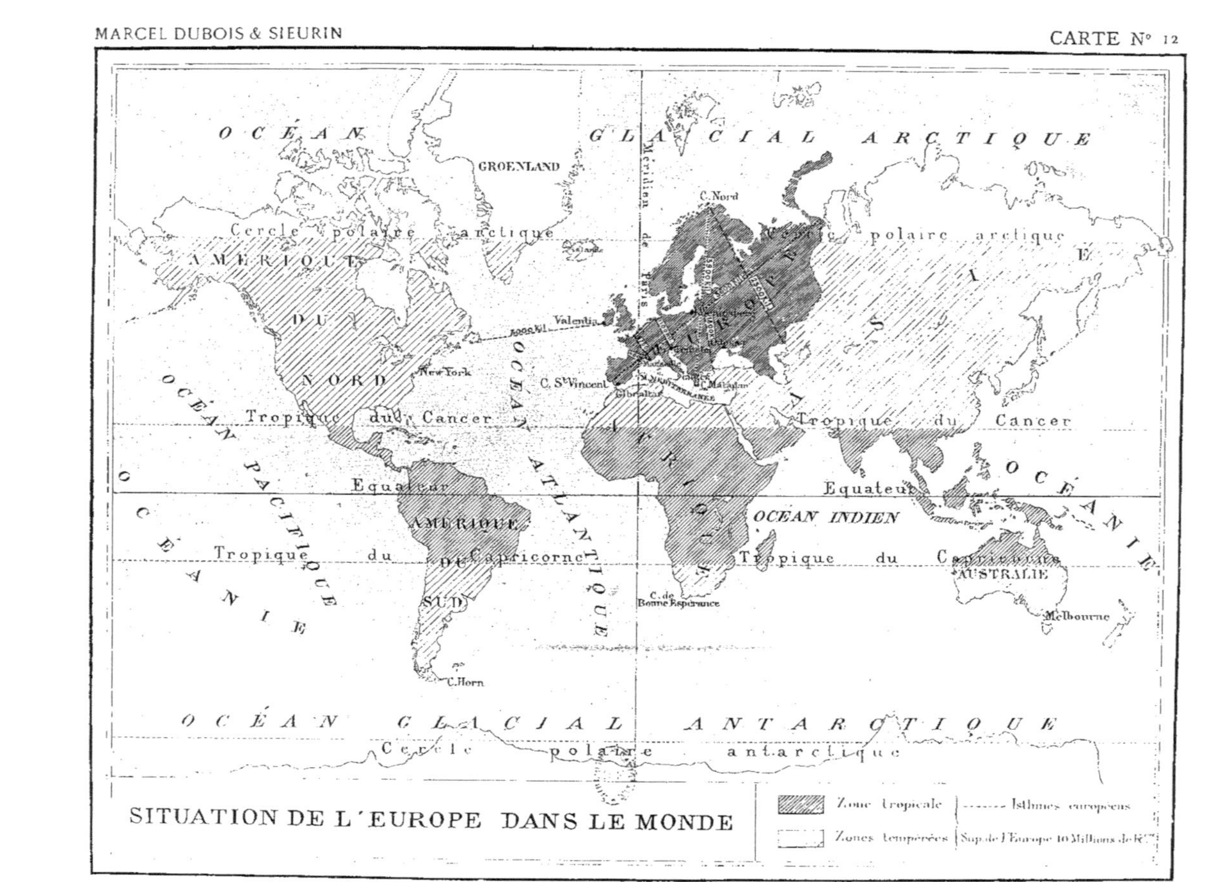

SITUATION DE L'EUROPE DANS LE MONDE

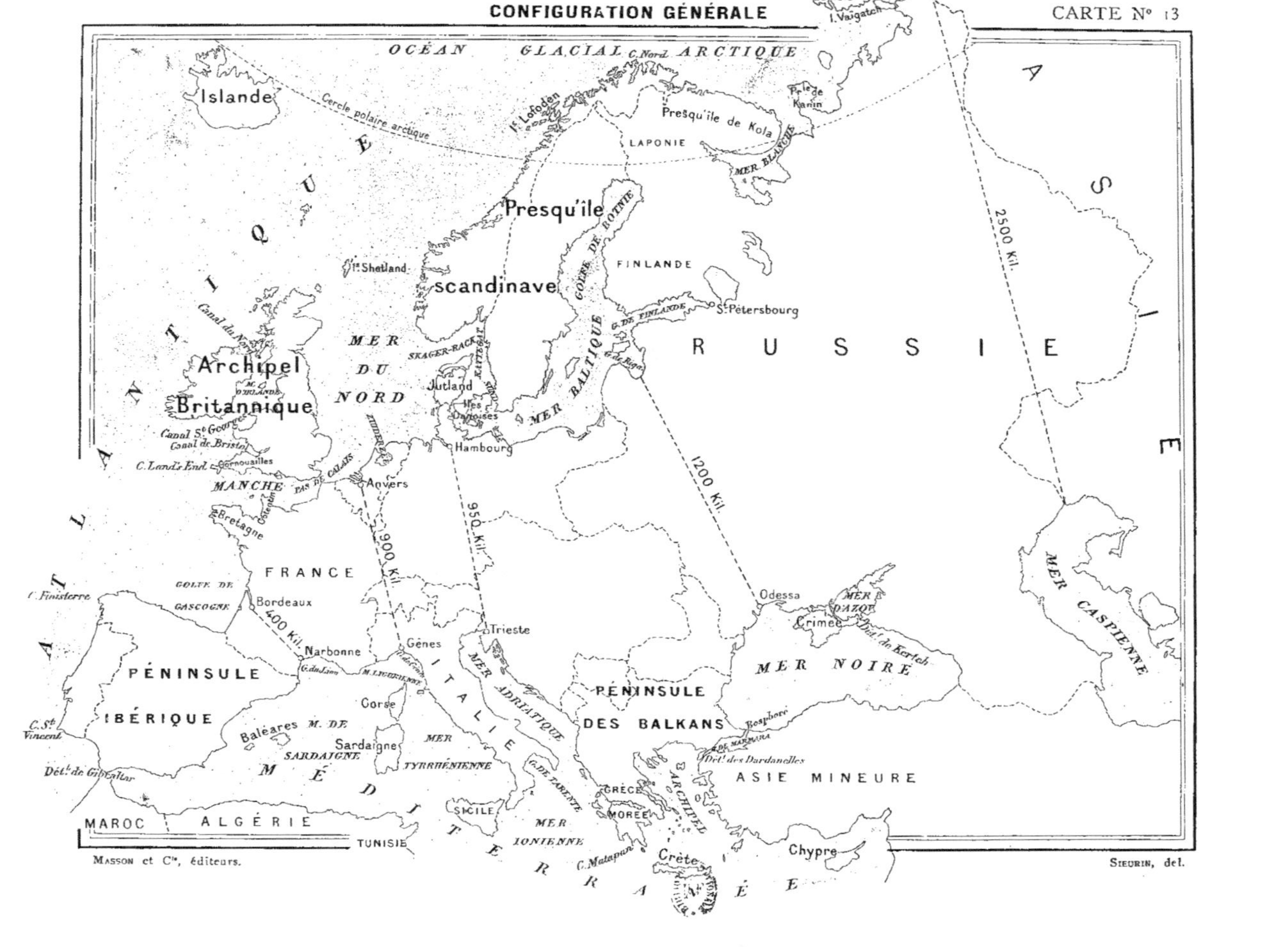
OCÉAN GLACIAL ARCTIQUE
C. Nord
Zemble
NARA
I. Vaigatch
Islande
Cercle polaire arctique
Iles Lofoden
Presqu'île de Kola
P.le de Kanin
LAPONIE
MER BLANCHE
Presqu'île
GOLFE DE BOTNIE
scandinave
Iles Shetland
FINLANDE
St-Pétersbourg
G. DE FINLANDE
G. de Riga
RUSSIE
Archipel
MER DU NORD
SKAGER-RACK
KATTEGAT
MER BALTIQUE
Jutland
M. C. D'IRLANDE
Iles Danoises
Britannique
Canal du Nord
Canal St Georges
Canal de Bristol
C. Land's End
Cornouailles
Hambourg
MANCHE
PAS DE CALAIS
Anvers
Ostende
Bretagne
FRANCE
GOLFE DE GASCOGNE
Bordeaux
C. Finisterre
Narbonne
G. du Lion
Gênes
M. LIGURIENNE
Trieste
MER ADRIATIQUE
ITALIE
PÉNINSULE
IBÉRIQUE
C. St Vincent
Corse
Baléares M. DE
SARDAIGNE
Sardaigne
MER TYRRHÉNIENNE
Dét. de Gibraltar
MÉDITERRANÉE
MAROC
ALGÉRIE
TUNISIE
SICILE
MER IONIENNE
G. DE TARENTE
GRÈCE
MORÉE
ARCHIPEL
C. Matapan
Crète
PÉNINSULE DES BALKANS
Bosphore
G. DE MARMARA
Dét. des Dardanelles
ASIE MINEURE
Chypre
Odessa
MER D'AZOF
Crimée
Dét. de Kertch
MER NOIRE
MER CASPIENNE
ASIE
2500 Kil.
1200 Kil.
950 Kil.
900 Kil.
400 Kil.
ATLANTIQUE
MASSON et Cie, éditeurs.
STEURIN, del.

GRANDES ÉTAPES DE LA FORMATION DU SOL

CARTE N° 14

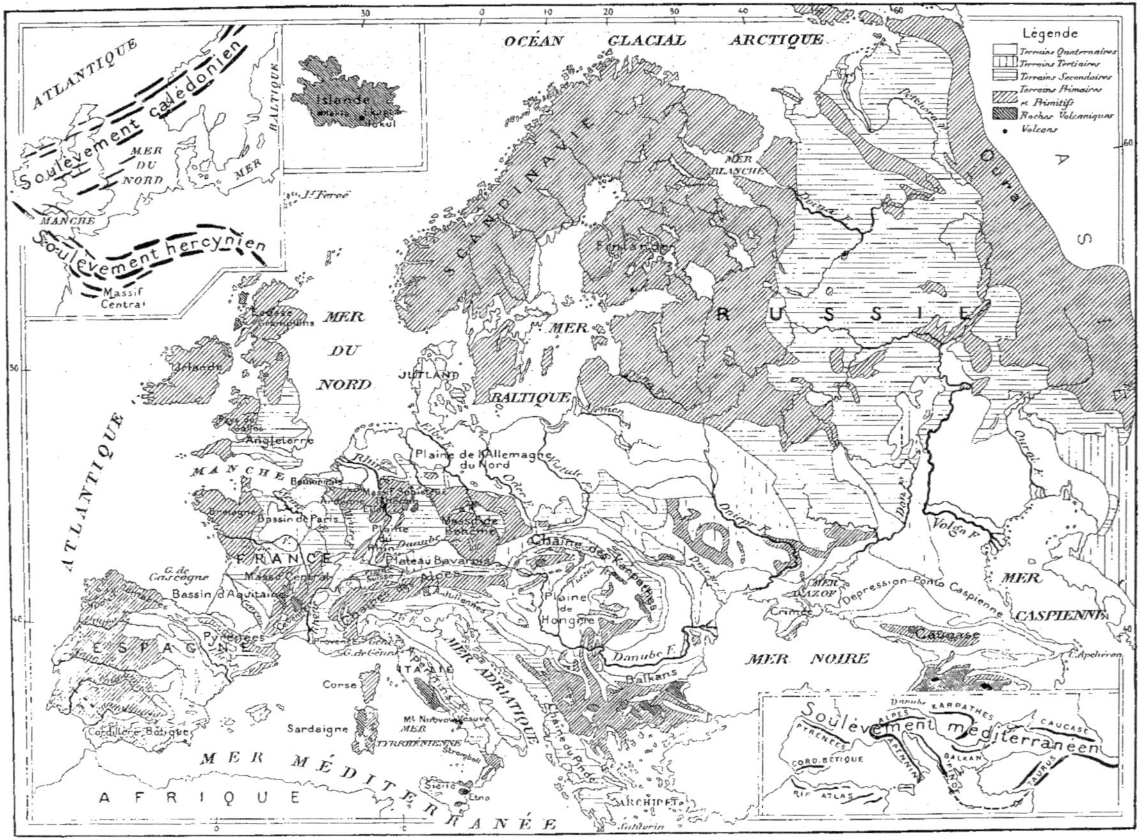

Masson et Cⁱᵉ, éditeurs.

Sieurin, del.

CARTE N° 15

SIEURIN, del.

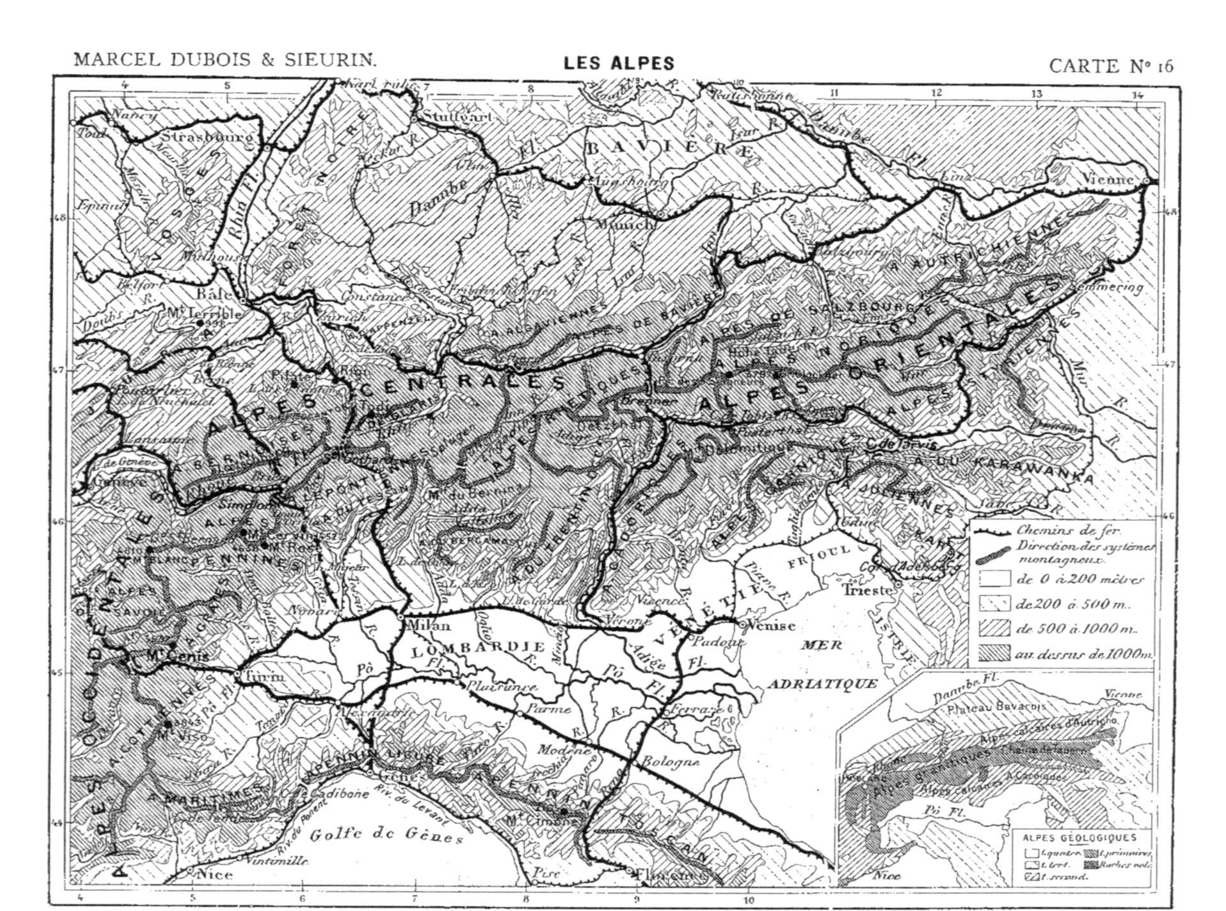

LES ALPES
Nancy
Toul
Strasbourg
Épinal
Mulhouse
Belfort
Bâle
M. Terrible
Doubs R.
VOSGES
FORÊT NOIRE
Rhin Fl.
Stuttgart
Neckar R.
Danube Fl.
BAVIÈRE
Augsbourg
Munich
Constance
Lac de Constance
Inn R.
Lech R.
Iser R.
Salzbourg
Linz
Vienne
AUTRICHIENNE
Semmering
ALPES CENTRALES
ALPES ORIENTALES
ALPES NORIQUES
ALPES DE BAVIÈRE
ALPES DE SALZBOURG
JULIENNES
A. DU KARAWANKA
BERNOISES
PONTINES
Simplon
Gothard
M. du Bernina
A. DE BERGAME
A. DU FRÉJUS
A. DE SAVOIE
M. Blanc
M. Cenis
PENNINES
COTTIENNES
MARITIMES
ALPES OCCIDENTALES
FRIOUL
Trieste
ISTRIE
VÉNÉTIE
Venise
Padoue
Adige Fl.
Pô Fl.
MER ADRIATIQUE
LOMBARDIE
Milan
Turin
Pô
Plaisance
Parme
Modène
Ferrare
Bologne
APENNIN LIGURE
APENNIN
Golfe de Gênes
Riv. du Ponent
Riv. du Levant
Vintimille
Nice
Pise
Florence
TOSCANE
M. Cimone
Mur R.
Drave R.
Save R.
Chemins de fer.
Direction des systèmes montagneux.
de 0 à 200 mètres
de 200 à 500 m.
de 500 à 1000 m.
au dessus de 1000 m.
ALPES GÉOLOGIQUES
t. quater.
t. tert.
t. second.
t. primaire
Roches vol.
t. cristall.
Danube Fl.
Plateau Bavarois
Vienne
Alpes d'Autriche
Alpes calcaires
Alpes schisteuses
Alpes granitiques
Pô Fl.
Nice

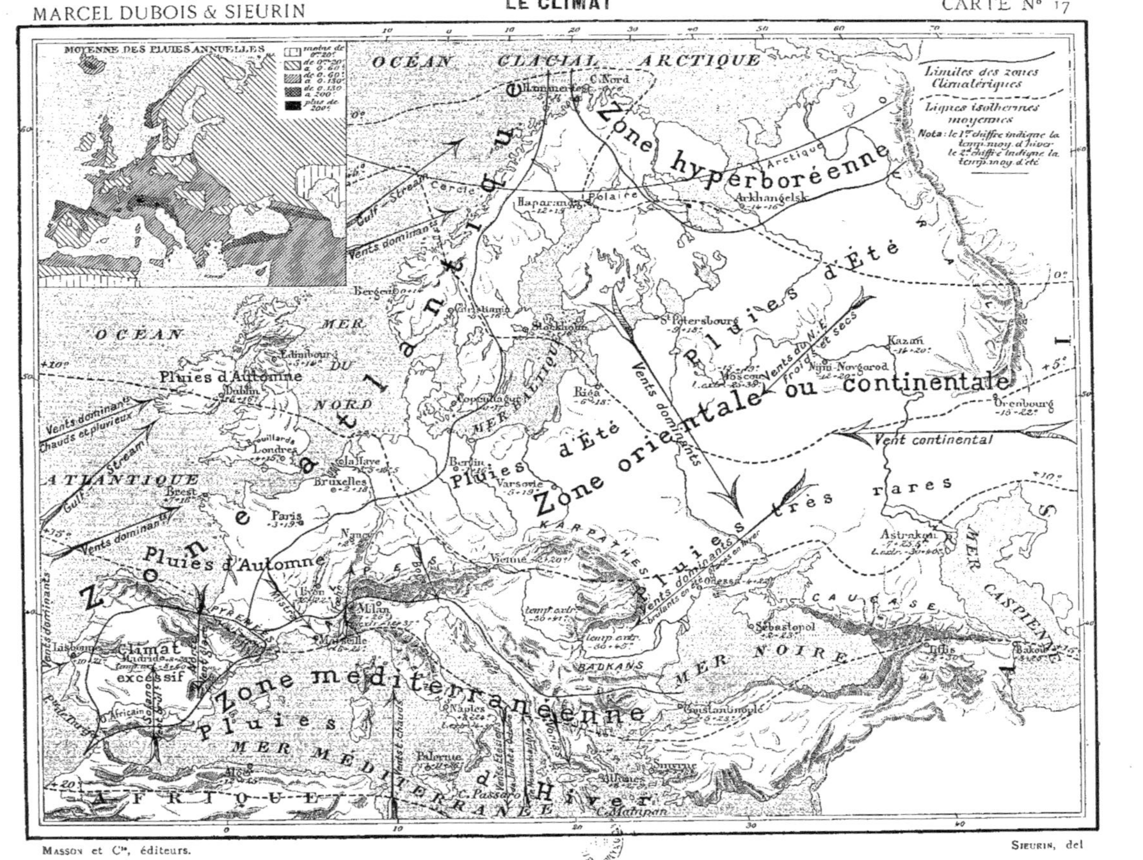
MOYENNE DES PLUIES ANNUELLES
moins de 0m20c
de 0 à 20c
de 0.60c
à 0.150c
de 0.150c
à 200c
plus de 200c
OCÉAN GLACIAL ARCTIQUE
Zone hyperboréenne
Limites des zones Climatériques
Lignes isothermes moyennes
Nota : le 1er chiffre indique la temp. moy. d'hiver, le 2e chiffre indique la temp. moy. d'été.
C. Nord
Hammerfest
Arctique
Cercle Polaire
Arkhangelsk
Haparanda
Gulf Stream
Vents dominants
Bergen
OCÉAN
MER
Christiania
Stockholm
St Pétersbourg
Pluies d'Été
Kazan
Nijni-Novgorod
Moscou
Vents du N.-E. froid et secs
Zone orientale ou continentale
Orenbourg
Vent continental
Édimbourg
Pluies d'Automne
Dublin
DU
NORD
MER
BALTIQUE
Copenhague
Riga
Vents dominants
OCÉAN
ATLANTIQUE
Vents dominants chauds et pluvieux
Gulf Stream
Londres
Brouillards
la Haye
Bruxelles
Berlin
Varsovie
Pluies d'Été
Pluies très rares
Vents dominants en hiver
Astrakan
MER CASPIENNE
Vents dominants
Paris
Nancy
KARPATHES
Vienne
Vents dominants en été
temp. extr.
CAUCASE
Pluies d'Automne
PYRÉNÉES
Lyon
Milan
Marseille
temp. extr.
BALKANS
MER NOIRE
Sébastopol
Tiflis
Bakou
Zone
Climat excessif
Lisbonne
Madrid
Zone méditerranéenne
Constantinople
Pluies
Naples
Smyrne
Africain
MER MÉDITERRANÉE
Palerme
C. Passaro
C. Matapan
Pluies d'Hiver
AFRIQUE
Vents dominants

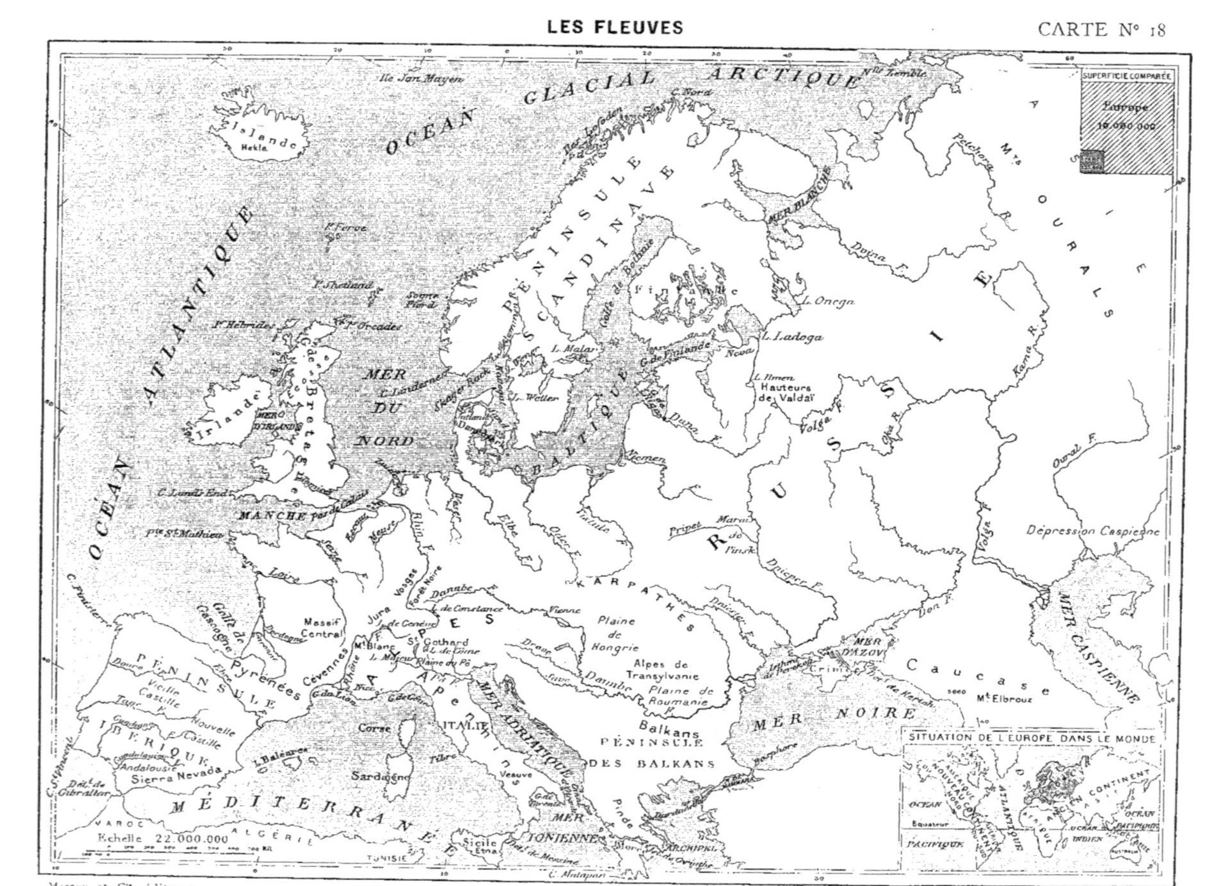
OCÉAN GLACIAL ARCTIQUE
Ile Jan Mayen
Nlle Zemble
C. Nord
Islande
Hekla
PÉNINSULE SCANDINAVE
MER BLANCHE
Mts OURALS
R U S S I E
Pechora R.
I. Feroe
Dvina F.
I. Shetland
Sogne Fiord
L. Onega
I. Hebrides
I. Orcades
Golfe de Botnie
Finlande
L. Ladoga
Kama R.
MER ATLANTIQUE
L. Malar
G. de Finlande
Neva
MER DU NORD
Gde Bretagne
Skager Rack
Tr. Weller
L. Jutland
Kattegat
Duna F.
L. Ilmen
Hauteurs de Valdaï
Irlande
MER D'IRLANDE
Volga F.
BALTIQUE
Niemen
Oural F.
OCÉAN ATLANTIQUE
C. Lands End
MANCHE
Pas de Cal.
Vistule
Pte St Mathieu
Meuse
Rhin F.
Elbe
Oder F.
Pripet
Marais de Pinsk
Dnieper F.
Don F.
Dépression Caspienne
Loire
Vosges
Forêt Noire
Danube
de Constance
Vienne
Plaine de Hongrie
KARPATHES
Dniester F.
Volga F.
MER CASPIENNE
Garonne
Golfe de Gascogne
Pyrénées
Massif Central
Cévennes
Jura
de Genève
St Gothard
Mt Blanc
L. de Côme
L. Majeur
Plaine du Pô
ALPES
Drave
Save
Danube
Alpes de Transylvanie
Plaine de Roumanie
MER D'AZOV
Crimée
Dét. de Kertch
Dr de Kaplah
Caucase
3600 Mt Elbrouz
Douro
Ebre
Adige
APENNINS
MER ADRIATIQUE
Balkans
PÉNINSULE DES BALKANS
MER NOIRE
PÉNINSULE
Vieille Castille
Nouvelle Castille
Corse
ITALIE
Tage F.
Guadiana
IBÉRIQUE
Andalousie
Sierra Nevada
L. Baléares
Sardaigne
Tibre
Vésuve
Bosphore
SITUATION DE L'EUROPE DANS LE MONDE
C. Pulvier
Dét. de Gibraltar
MÉDITERRANÉE
MAROC
ALGÉRIE
TUNISIE
Sicile
Etna
Dét. de Messine
MER IONIENNES
ARCHIPEL
Pinde
C. Matapan
SUPERFICIE COMPARÉE
Europe 10.000.000
Échelle 22.000.000

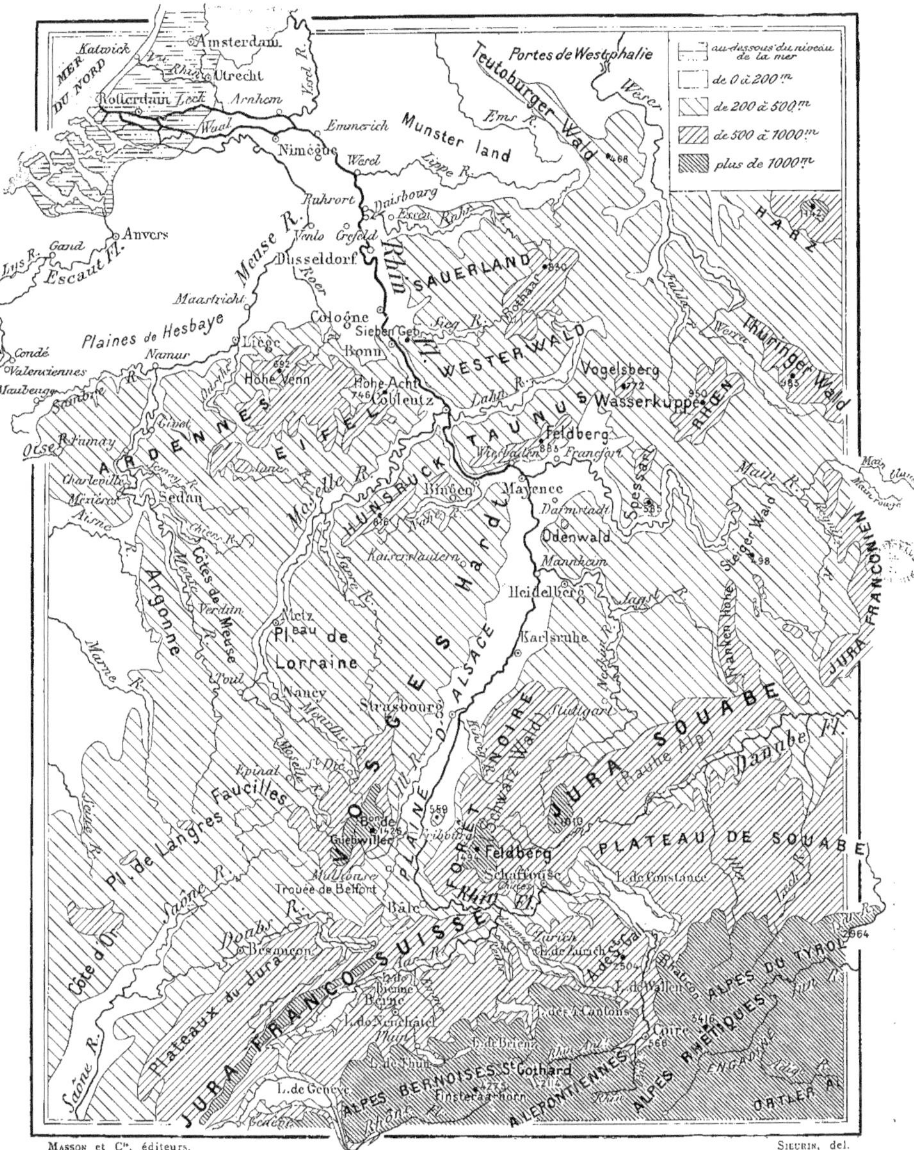
au-dessous du niveau de la mer
de 0 à 200 m
de 200 à 500 m
de 500 à 1000 m
plus de 1000 m
Katwick
MER DU NORD
Amsterdam
Utrecht
Rhin
Rotterdam Leck
Arnhem
Yssel
Portes de Westphalie
Teutoburger Wald
Weser
Waal
Emmerich
Munster land
Ems R.
Nimègue
Wesel
Lippe R.
Ruhrort
Daisbourg
Excell Rhin
Meuse R.
Venlo
Grefeld
Düsseldorf
Roer
Anvers
Lys R.
Gand
Escaut Fl.
Maastricht
Cologne
Sieben Geb.
Bonn
SAUERLAND
HARZ
WESTERWALD
Thüringer Wald
Plaines de Hesbaye
Liège
Namur
Sieg R.
Vogelsberg
Hohe Venn
Hohe Acht
Coblentz
Lahn R.
Wasserkuppé
RHÖN
Scarp
Condé
Valenciennes
Maubeuge
Sambre
Oise
ARDENNES
EIFEL
TAUNUS
Feldberg
Wiesbaden
Francfort
Spessart
Main R.
JURA FRANCONIEN
R. Fumay
Charleville
Mézières
Sedan
Aisne
Moselle R.
HUNSRUCK
Bingen
Mayence
Darmstadt
Odenwald
Sieger Wald
Mer
Chiers R.
Kaiserlautern
Mannheim
Franken Höhe
Côtes de Meuse
Verdun
Heidelberg
Jaxst R.
Marne R.
Argonne
Meuse R.
Toul
Metz
Pl. eau de Lorraine
Karlsruhe
Neckar R.
Nancy
Meurthe R.
Strasbourg
Stutgart
JURA SOUABE
Danube Fl.
Épinal
St Dié
Moselle R.
VOSGES
PLAINE D'ALSACE
FORÊT NOIRE
Schwarz Wald
Raube Alp.
PLATEAU DE SOUABE
Faucilles
Pl. de Langres
Guebwiller
Fribourg
Feldberg
Côte d'Or
Saône R.
Mulhouse
Trouée de Belfort
Bâle
Schaffouse
L. de Constance
Doubs R.
Besançon
Rhin Fl.
Zurich
L. de Zurich
Lech R.
PLATEAUX DU JURA
JURA FRANCO SUISSE
L. de Brienne
L. de Zurich
L. des 4 Cantons
L. de Wallen
ALPES DU TYROL
Aar R.
Reuss R.
ALPES RHÉTIQUES
L. de Neuchâtel
Thur R.
Saône R.
L. de Brienz
Coire
ALÉMONTIENNES
Engadine
Inn R.
L. de Thun
L. de Genève
ALPES BERNOISES
St Gothard
Finsterar-horn
Aar R.
ORTLER A.

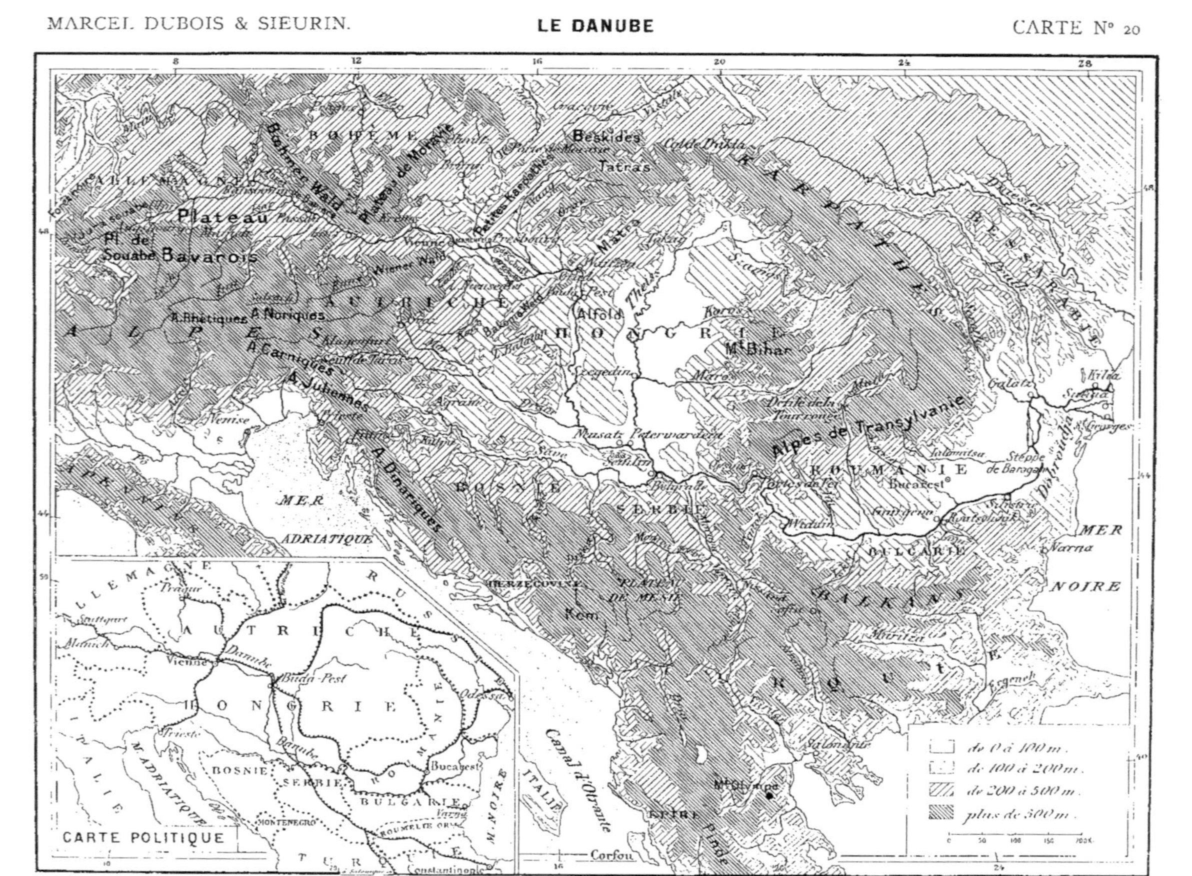
BOHÊME
Böhmer Wald
Plateau de Morave
Beskides
Tatras
KARPATHES
BESSARABIE
GALLVM MAGNA
Plateau
Pt de Souabe Bavarois
Wiener Wald
AUTRICHE
Mt Matra
Alföld
HONGRIE
Mt Bihar
A. Rhétiques
A. Noriques
A. Carniques
A. Juliennes
A. Dinariques
ALPES
Venise
Alpes de Transylvanie
ROUMANIE
Bucarest
Steppe de Baragan
Dobroudja
MER
ADRIATIQUE
BOSNIE
SERBIE
Mesatz Peterwardein
Widdin
BULGARIE
Varna
MER
NOIRE
HERZEGOVINE
PLATEAU DE MÉSIE
Kom
BALKANS
Galatz
TURQUIE
Canal d'Otrante
ITALIE
Mt Olympe
ÉPIRE
Pinde
Corfou

de 0 à 100 m.
de 100 à 200 m.
de 200 à 500 m.
plus de 500 m.

ALLEMAGNE
Prague
Stuttgart
Munich
Vienne
Danube
AUTRICHE
Buda-Pest
HONGRIE
RUSSIE
Odessa
Trieste
ROUMANIE
Bucarest
ITALIE
BOSNIE
SERBIE
MONTENEGRO
BULGARIE
ROUMELIE ORME
M. NOIRE
ADRIATIQUE
TURQUIE
Constantinople
CARTE POLITIQUE

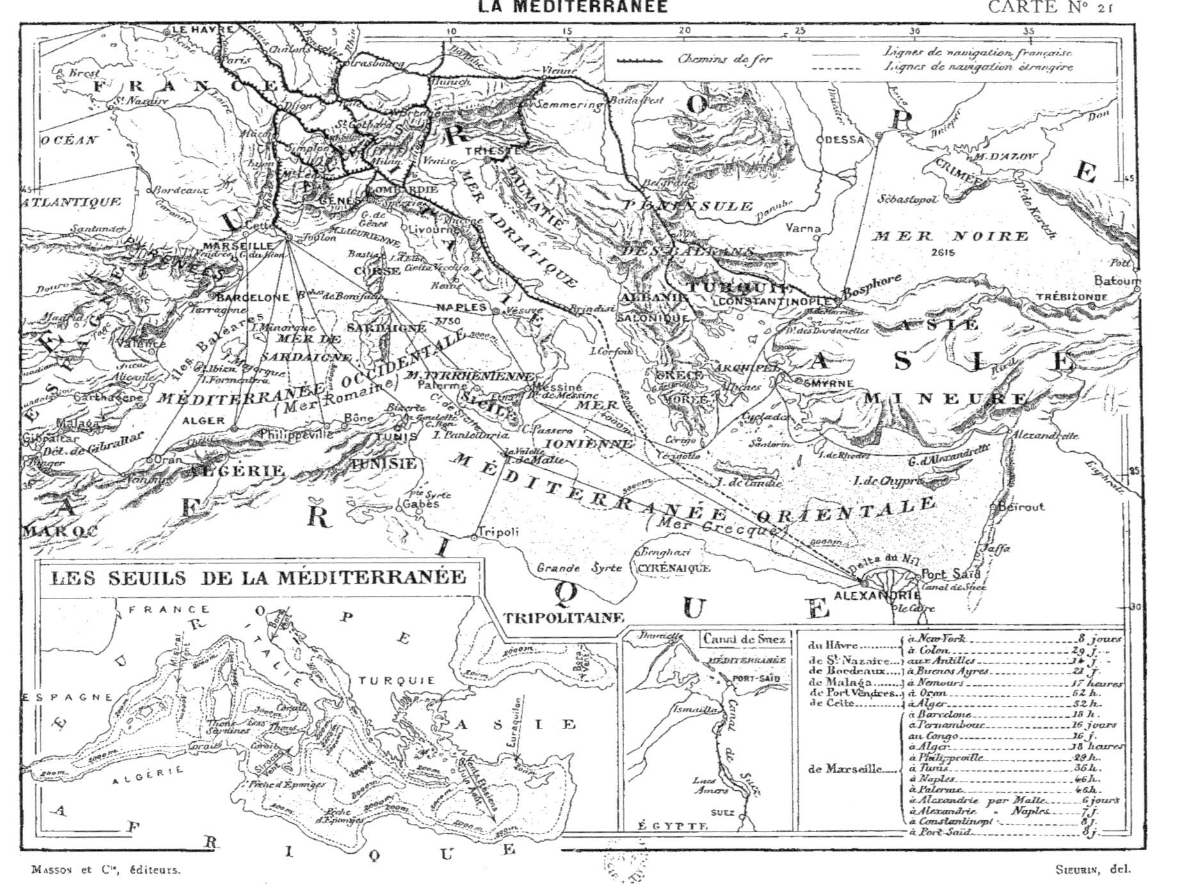

MASSON et Cie, éditeurs.   SIEURIN, del.

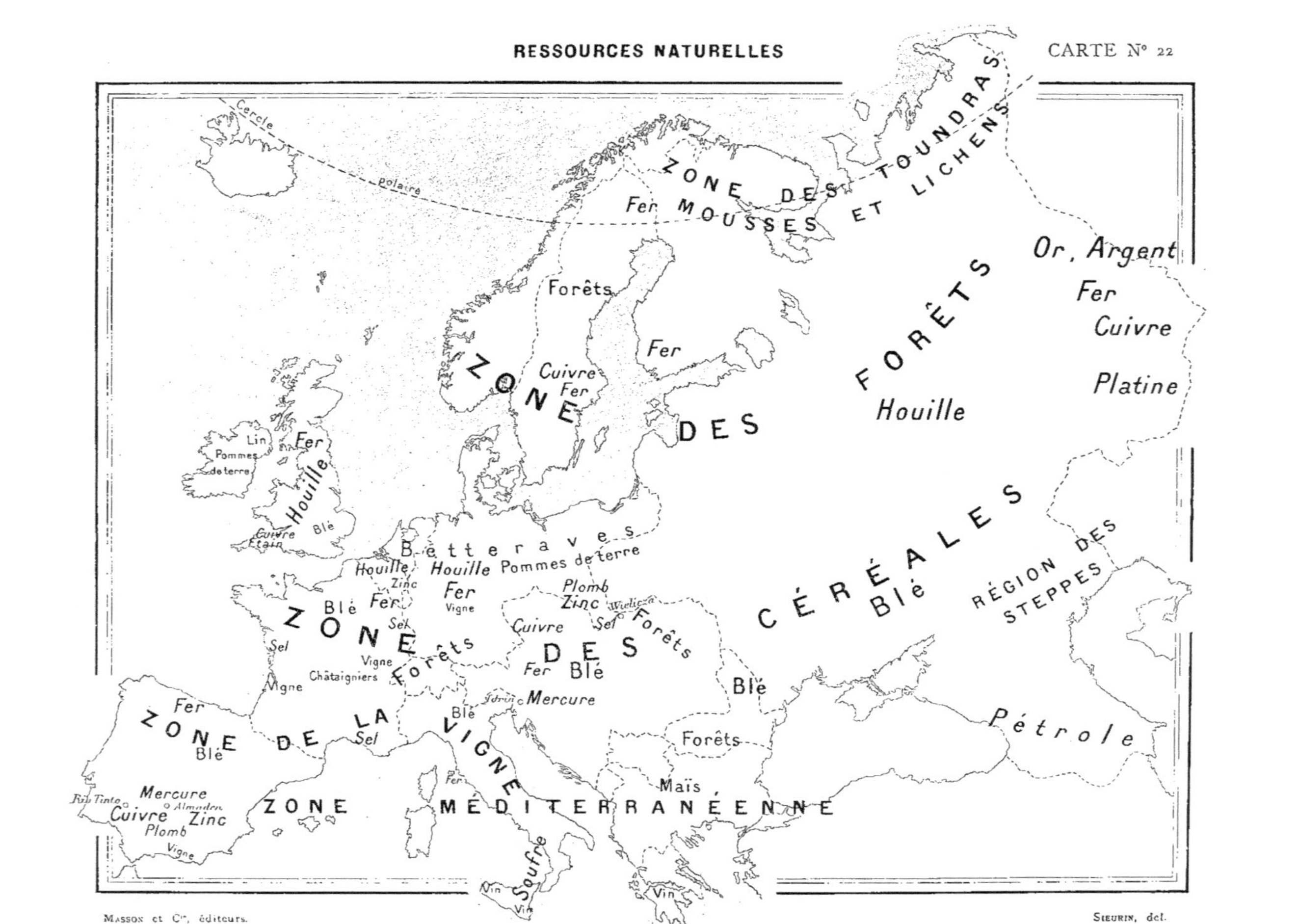
Cercle polaire
ZONE DES TOUNDRAS
Fer MOUSSES ET LICHENS
Or, Argent
Fer
Cuivre
Platine
FORÊTS
Houille
Forêts
Fer
Cuivre
Fer
ZONE
DES
Lin
Fer
Pommes de terre
Houille
Cuivre
Étain
Blé
Betteraves
Houille
Houille Pommes de terre
Zinc
Blé Fer
Fer
Vigne
Plomb
Zinc Wielicza
Cuivre Sel
Forêts
CÉRÉALES
Blé
RÉGION DES
STEPPES
Sel
Sel
Vigne
Châtaigniers
Forêts
DES
Fer Blé
Blé
Blé
ZONE
Vigne
Fer
ZONE DE LA
Sel
VIGNE
Idria Mercure
Forêts
Mercure
Blé
Pétrole
Fer
ZONE
Blé
Fer
Maïs
Rio Tinto
Mercure
Almaden
Cuivre Zinc
Plomb
Vigne
ZONE   MÉDITERRANÉENNE
Soufre
Vin
Vin
Vin

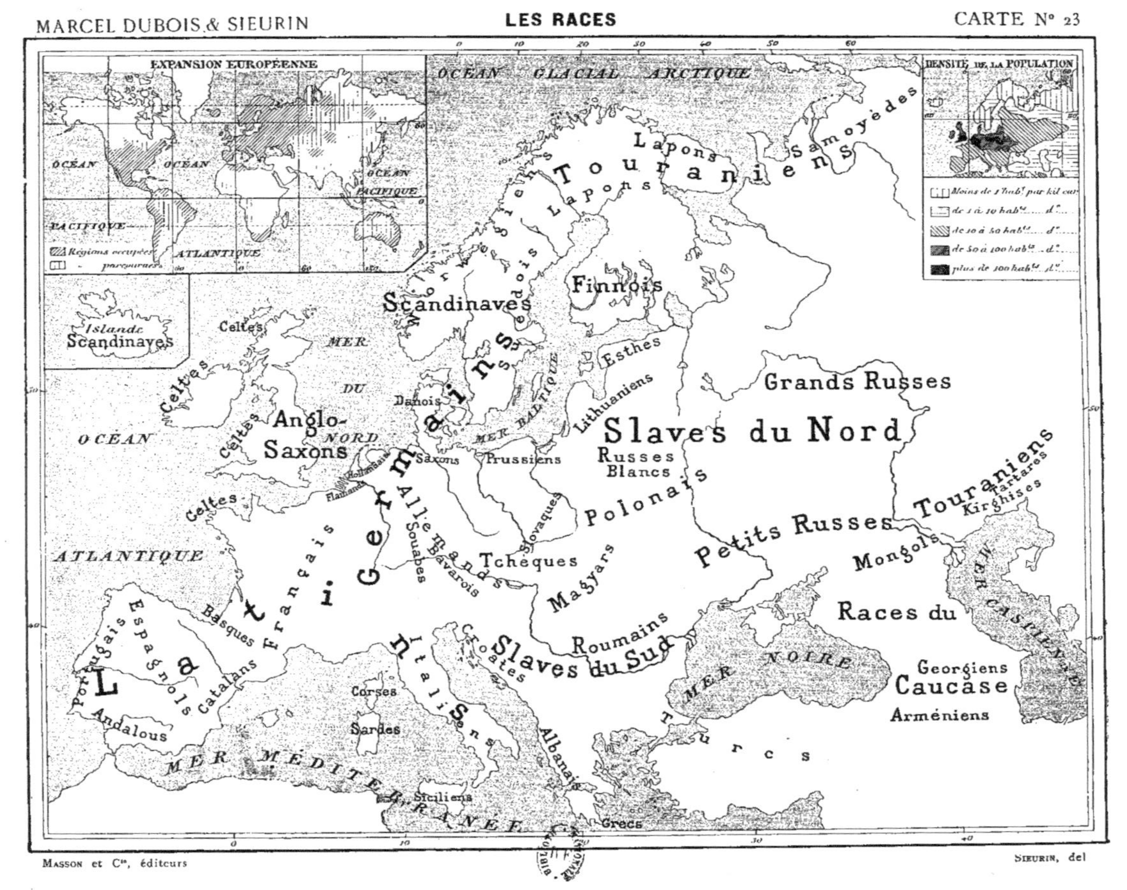

EXPANSION EUROPÉENNE
OCÉAN
OCÉAN
PACIFIQUE
OCÉAN
PACIFIQUE
ATLANTIQUE
Régions occupées
parcourues
DENSITÉ DE LA POPULATION
Moins de 1 hab.t par kil. car.
de 1 à 10 hab.t d°.
de 10 à 50 hab.t d°.
de 50 à 100 hab.t d°.
plus de 100 hab.t d°.
OCÉAN GLACIAL ARCTIQUE
Lapons
Samoyèdes
Touraniens
Lapons
Norwégiens
Suédois
Finnois
Scandinaves
Islande
Scandinaves
Celtes
Celtes
Celtes
Celtes
Celtes
MER
DU
NORD
Anglo-Saxons
OCÉAN
ATLANTIQUE
Esthes
Danois
Saxons
Prussiens
Lithuaniens
MER BALTIQUE
Grands Russes
Slaves du Nord
Russes Blancs
Polonais
Petits Russes
Touraniens
Kirghises
Tartares
Mongols
Races du
MER CASPIENNE
Slovaques
Tchèques
Bavarois
Souabes
Allemands
Germains
Français
La tine
Magyars
Roumains
Slaves du Sud
Croates
MER NOIRE
Turcs
Georgiens
Caucase
Arméniens
Portugais
Espagnols
Catalans
Basques
Andalous
Italiens
Corses
Sardes
MER MÉDITERRANÉE
Siciliens
Albanais
Grecs
Flamands
Hollandais

MARCEL DUBOIS & SIEURIN.

ILES BRITANNIQUES
(CARTE PHYSIQUE)

CARTE N° 24

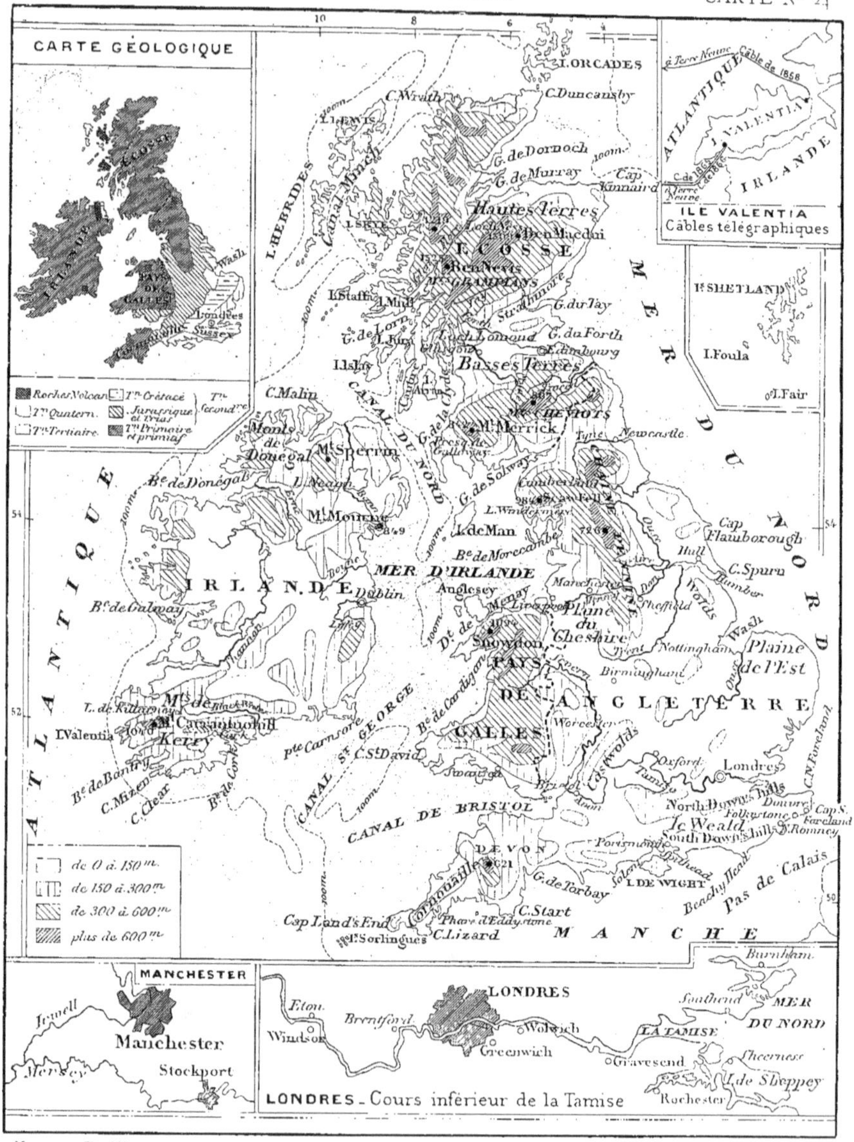

MASSON et Cie, éditeurs.

SIEURIN, del.

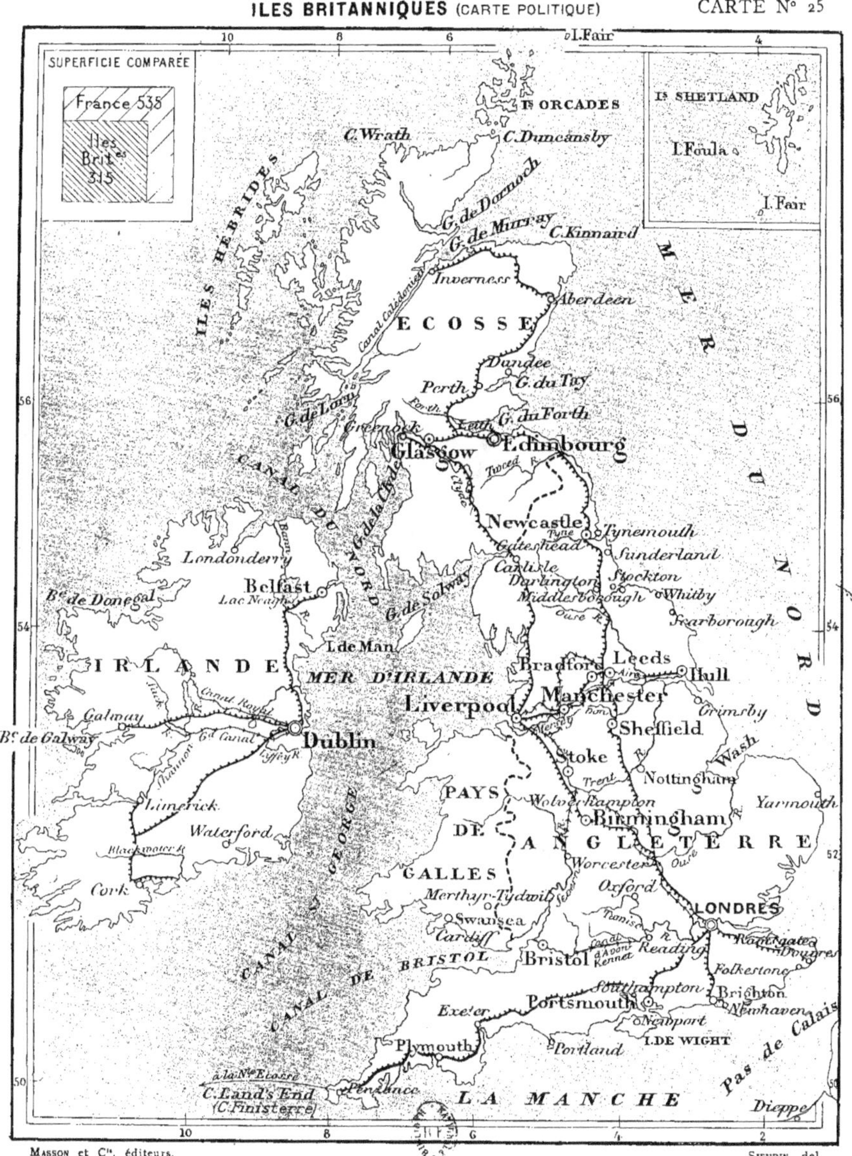
SUPERFICIE COMPARÉE
France 538
Iles Brit. 315
I. Fair
I\s ORCADES
I\s SHETLAND
I. Foula
I. Fair
C. Wrath
C. Duncansby
G. de Dornoch
G. de Murray
C. Kinnaird
Canal Calédonien
Inverness
Aberdeen
ILES HÉBRIDES
ECOSSE
Dundee
G. du Tay
Perth
Forth
G. de Lorn
Leith
G. du Forth
Greenock
Glasgow
Edimbourg
MER DU NORD
Tweed
Clyde
Newcastle
Tyne
Tynemouth
Gateshead
Sunderland
Londonderry
Carlisle
Stockton
Bann
Darlington
Whitby
B\e de Donegal
Belfast
Middlesborough
Ouse R.
Lac Neagh
G. de Solway
Scarborough
IRLANDE
I. de Man
Bradford
Leeds
Aire
Hull
MER D'IRLANDE
Liverpool
Manchester
Grimsby
Erne
Mersey
Sheffield
Galway
Canal Royal
Don
B\e de Galway
Shannon
G\d Canal
Dublin
Wash
Liffey R.
Stoke
Nottingham
Trent
Limerick
PAYS
Wolverhampton
Yarmouth
Waterford
DE
Birmingham
Blackwater R.
CANAL
ANGLETERRE
GEORGE
Worcester
Ouse
Cork
GALLES
Oxford
Merthyr-Tydwil
Thames R.
Swansea
LONDRES
Cardiff
Canal d'Avon & Kennet
Reading
Ramsgate
CANAL
DE
BRISTOL
Bristol
Douvres
Folkestone
DE
Southampton
Brighton
Exeter
Portsmouth
Newhaven
Newport
I. DE WIGHT
Plymouth
Portland
Pas de Calais
à la N\le Ecosse
Penzance
C. Land's End
(C. Finisterre)
LA MANCHE
Dieppe

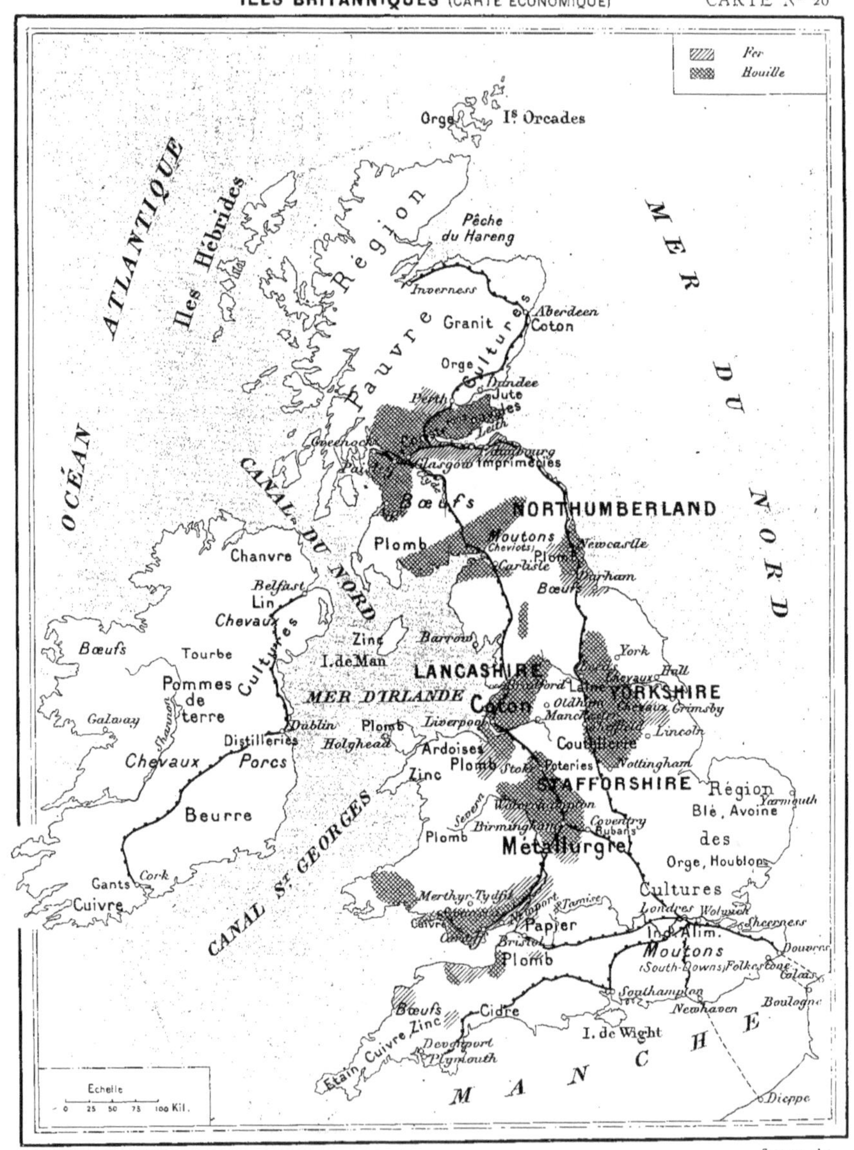
Fer
Houille
Orge
Iˢ Orcades
ATLANTIQUE
Iles Hébrides
OCÉAN
Région
Pêche
du Hareng
Inverness
Pauvre
Granit
Culture
Aberdeen
Coton
Orge
Dundee
Jute
Perth
Toiles
Leith
Greenock
Édimbourg
Glasgow
Imprimeries
Bœufs
NORTHUMBERLAND
MER DU NORD
Plomb
Moutons
Cheviots
Newcastle
Carlisle
Plomb
Durham
Bœuf
Chanvre
CANAL DU NORD
Belfast
Lin
Chevaux
Zinc
Barrow
York
Bœufs
Tourbe
Cultures
I. de Man
LANCASHIRE
Chevaux
Hull
YORKSHIRE
Grimsby
Pommes
de
terre
Galway
MER D'IRLANDE
Coton
Bradford
Leeds
Oldham
Manchester
Distilleries
Dublin
Plomb
Liverpool
Lincoln
Chevaux
Porcs
Holyhead
Ardoises
Coutellerie
Chevaux
Plomb
Stoke
Poteries
Nottingham
Beurre
Zinc
STAFFORSHIRE
Région
Blé, Avoine
Yarmouth
Severn
Métallurgie
Coventry
Rubans
des
Plomb
Birmingham
Orge, Houblon
Gants
Cork
Cultures
Cuivre
Merthyr Tydfil
Newport
Tamise
Londres Woolwich
Sheerness
Papier
Ind. Alim.
Douvres
Cardiff
Bristol
Moutons
Calais
Plomb
South-Downs
Folkestone
Bœufs
Cidre
Southampton
Boulogne
Zinc
Newhaven
Devonport
I. de Wight
MANCHE
Plymouth
Étain Cuivre
Dieppe
CANAL Sᵗ GEORGES

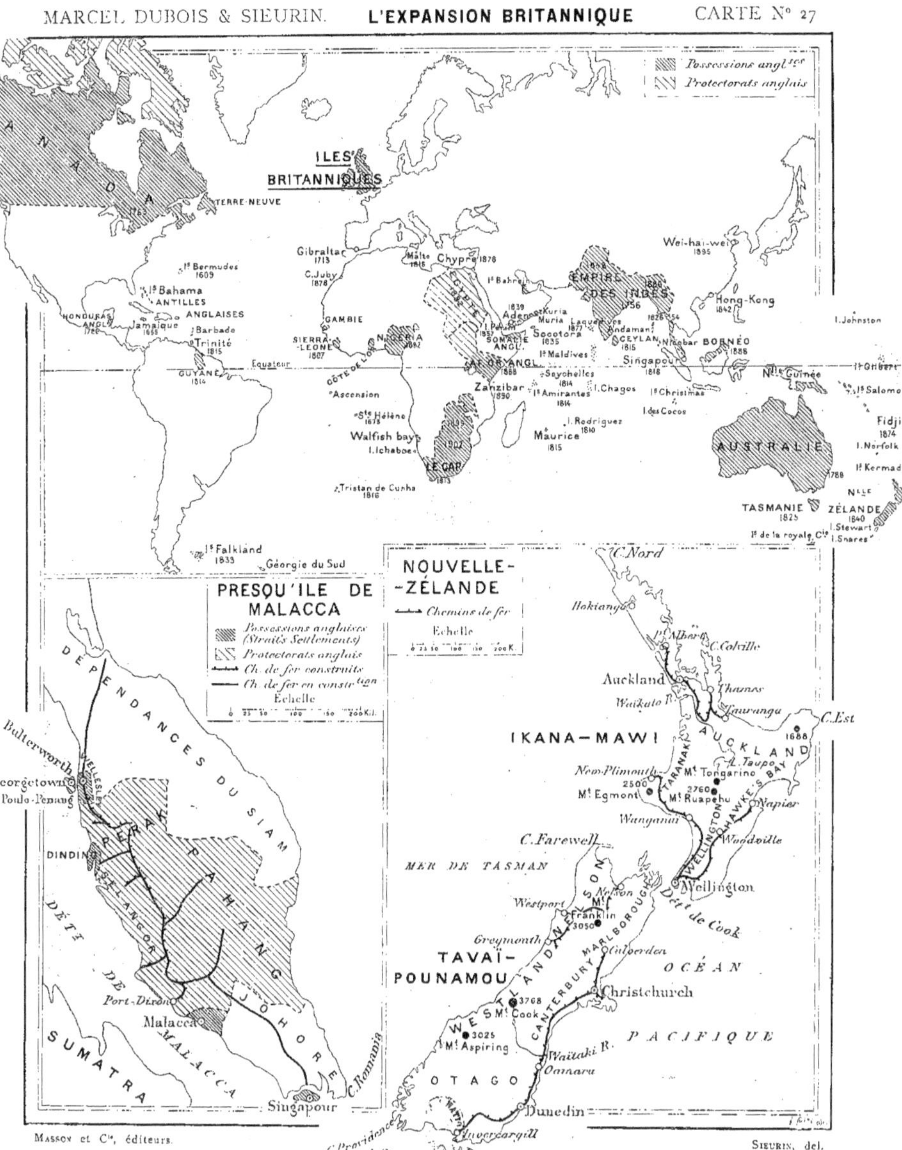
Possessions angl.ses
Protectorats anglais
ILES BRITANNIQUES
CANADA
TERRE-NEUVE
1763
I.s Bermudes 1609
I.s Bahama
ANTILLES ANGLAISES
HONDURAS ANGL. 1786
Jamaïque 1655
I. Barbade
Trinité 1815
GUYANE 1814
Equateur
Gibraltar 1713
C. Juby 1878
Malte 1815
Chypre 1878
GAMBIE
SIERRA-LEONE 1807
CÔTE DE L'OR
NIGERIA 1882
CAP ORANGE 1888
Ascension
Ste Hélène 1673
Walfish bay
I. Ichaboe
LE CAP 1875
Tristan de Cunha 1816
I. Bahrein
Aden 1839
Muria
Socotora
SOMALIE ANGL.
I.s Maldives
Kuria Muria 1877
Laquedives
Andaman
Nicobar 1815
Seychelles
Zanzibar 1890
I.s Amirantes 1814
I. Rodriguez 1810
Maurice 1815
I. Chagos
I.s Christmas
I. des Cocos
EMPIRE DES INDES 1756
CEYLAN 1815
Singapour 1818
BORNÉO 1888
Wei-hai-wei 1895
Hong-Kong 1842
I. Johnston
I.s Gilbert
N.lle Guinée
I.s Salomon
Fidji I. 1874
I. Norfolk
I.s Kermadec
AUSTRALIE 1788
TASMANIE 1825
N.lle ZÉLANDE 1840
I. de la royale C.te
I. Stewart
I. Snares
I.s Falkland 1833
Géorgie du Sud
PRESQU'ILE DE MALACCA
Possessions anglaises (Straits Settlements)
Protectorats anglais
Ch. de fer construits
Ch. de fer en constr.tion
Echelle
DÉPENDANCES DU SIAM
Butterworth
WELLESLEY
Georgetown
I. Poulo-Penang
PERAK
DINDING
SELANGOR
PAHANG
JOHORE
DÉT. DE MALACCA
Port-Dickson
Malacca
SUMATRA
C. Romania
Singapour
NOUVELLE-ZÉLANDE
Chemins de fer
Echelle
C. Nord
Hokianga
P.t Albert
C. Colville
Auckland
Thames
Waikato R.
Tauranga
C. Est
IKANA-MAWI
AUCKLAND
1688
New-Plimouth
TARANAKI
L. Taupo
M.t Tongarino
HAWKES BAY
M.t Egmont 2500
M.t Ruapehu 2760
Napier
Wanganui
WELLINGTON
Woodville
C. Farewell
MER DE TASMAN
NELSON
Wellington
Westport
M.t Franklin 3050
MARLBOROUGH
Dét. de Cook
Greymouth
Culverden
OCÉAN
TAVAÏ-POUNAMOU
CANTERBURY
Christchurch
WESTLAND
M.t Cook 3768
PACIFIQUE
M.t Aspiring 3025
Waïtaki R.
Oamaru
OTAGO
Dunedin
C. Providence
Invercargill
I. Stewart
Dét. de Foveaux

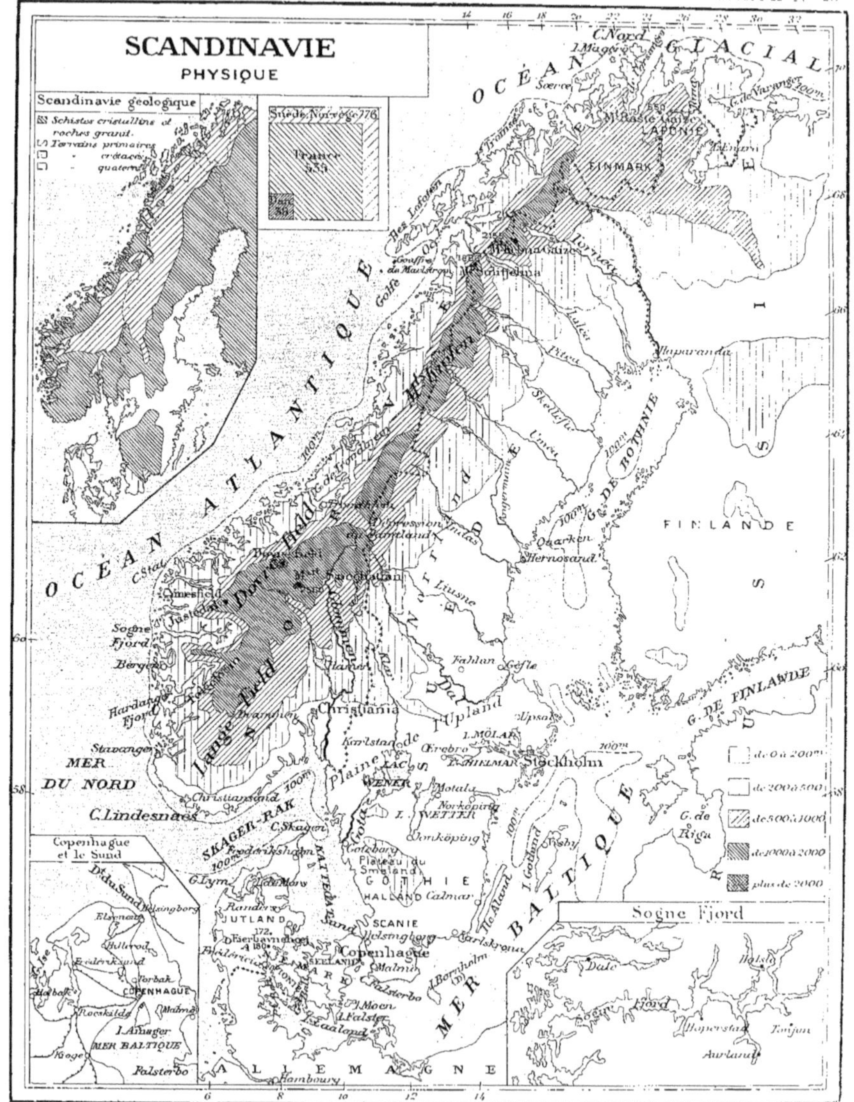

SCANDINAVIE
PHYSIQUE
Scandinavie géologique
Schistes cristallins et roches grauit.
Terrains primaires
crétacés
quatern.
Suède Norwège 776
France 533
OCÉAN GLACIAL
C. Nord
I. Magie
LAPONIE
FINMARK
Tromsö
Iles Lofoten
Gouffre du Maelstrom
Golfe
OCÉAN ATLANTIQUE
G. DE BOTHNIE
FINLANDE
Quarken
Hernosand
MER DU NORD
C. Stad
Omeshöd
Sogne Fjord
Bergen
Hardanger Fjord
Stavanger
Christiansand
C. Lindesnæs
Jotunheim
Dovre Field
Lange Field
Langesund
Christiania
Karlstad
Örebro
L. MÖLAR
L. HIELMAR
Stockholm
Upland
Upsal
Gefle
Dalan
Plaine
WENER
Motala
Norköping
L. WETTER
Jönköping
Göteborg
Plateau du Smaland
GOTHIE
HALLAND
Calmar
SCANIE
Karlskrona
Falsterbo
Bornholm
MER BALTIQUE
SKAGER-RAK
C. Skagen
Frederikshavn
KATTEGAT
G. Lym
Randers
JUTLAND
Fridericia
Copenhague
SEELAND
Malmö
Moen
I. Falster
Laaland
DANEMARK
ALLEMAGNE
Hambourg
G. DE FINLANDE
G. de Riga
L. Gothland
Visby
Öland
Christianssand
Copenhague et le Sund
Dt du Sund
Helsingborg
Elseneur
Hillerod
Frederiksund
Korbak
Halbek
COPENHAGUE
Roeskilde
Malmö
I. Amager
MER BALTIQUE
Köge
Falsterbo
de 0 à 200m
de 200 à 500
de 500 à 1000
de 1000 à 2000
plus de 2000
Sogne Fjord
Dale
Holsö
Fjord
Sogne
Hopenstad
Tonjum
Aurland

MARCEL DUBOIS & SIEURIN.

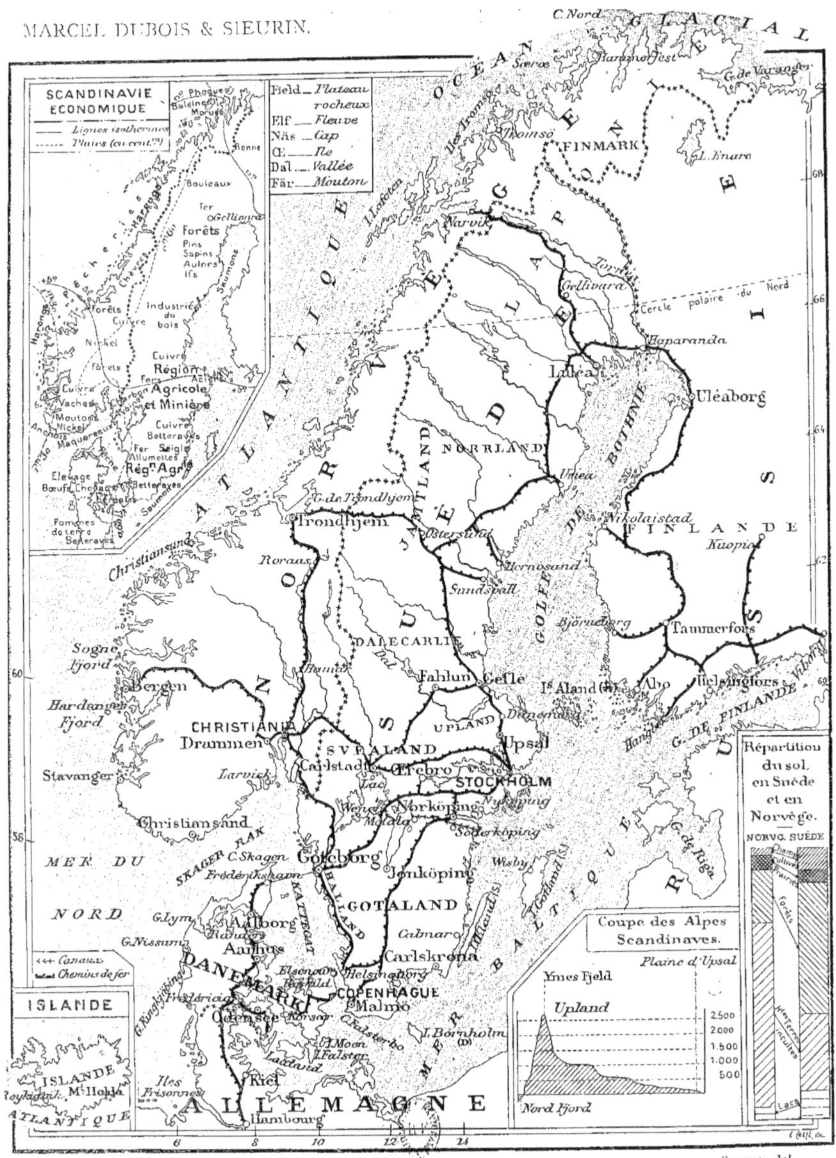

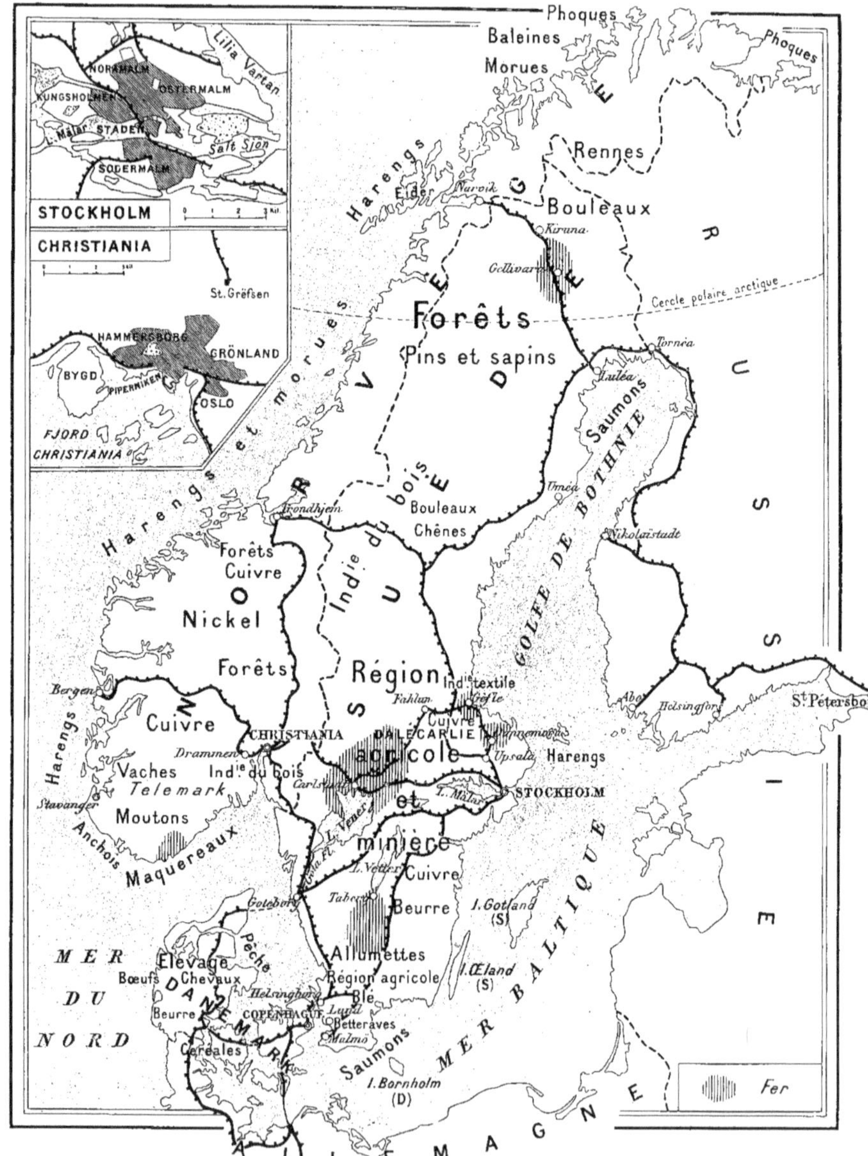

STOCKHOLM
NORRMALM
KUNGSHOLMEN
ÖSTERMALM
L. Mälar
STADEN
SÖDERMALM
Salt Sjön
Lilla Vartan
CHRISTIANIA
St. Gréfsen
HAMMERSBORG
GRÖNLAND
BYGD
PIPERVIKEN
OSLO
FJORD
CHRISTIANIA
Phoques
Baleines
Morues
Phoques
Rennes
Bouleaux
Harengs
Eider
Narvik
Kiruna
Gellivara
Cercle polaire arctique
Forêts
Pins et sapins
Tornéa
Luléa
Saumons
GOLFE DE BOTHNIE
Ind.ᵉ du bois
Bouleaux
Chênes
Trondhjem
Uméa
Nikolaistadt
Forêts
Cuivre
Nickel
Forêts
Région
Ind.ᵉ textile
Cuivre
DALÉCARLIE
Fahlun
Gefle
Abo
Helsingfors
S.ᵗ Pétersbourg
Bergen
Cuivre
CHRISTIANIA
agricole
Upsala
Harengs
Drammen
Carlstad
L. Mälar
STOCKHOLM
Vaches
Ind.ᵉ du bois
Telemark
et
Moutons
L. Vener
minière
Cuivre
Anchois
L. Vetter
Maquereaux
Taberg
Beurre
I. Gotland
(S)
Goteborg
Allumettes
I. Oeland
(S)
Pêche
Élevage
Région agricole
MER
Boeufs
Chevaux
Blé
DU
Helsingborg
Lund
Betteraves
NORD
Beurre
COPENHAGUE
Malmö
Céréales
MER BALTIQUE
Saumons
I. Bornholm
(D)
ALLEMAGNE
DANEMARK
NORVÈGE
SUÈDE
RUSSIE
Harengs et morues
Harengs
Fer

ISLANDE
Reykjavik
Hékla
1557
Echelle
0 10 20 30 40 50 60 70 80 kil.
Echelle
0 1 2 kil.
COPENHAGUE
Frederiksbourg
Christianshavn
AMAGER
SKAGERRAK
et du maquereau
C. Skagen
Skagen
Frederikshavn
Lasö
Göteborg
SUÈDE
KATTEGAT
Aalborg
ÉLEVAGE
Anholt
Lim Fiord
Bœufs Chevaux
Randers
JUTLAND
Kullen
113
Aarhus
Elseneur
Helsingborg
à Stockholm
Ejer Bavnehöj
172
Samsö
Horsens
SUND
Vejle
COPENHAGUE
Lund
Beurre
Roskilde
I. Amager
Malmö
Esbjerg
Kolding
Fredericia
SEELAND
Falsterbo
à Grimsby
Odense
Trelleborg
MER
Korsör
Grand Belt
Naestved
FIONIE
Céréales
Petit Belt
Svendborg
Moen
DU
Alsen
Langeland
Nakskov
I. Falster
Düppel
Aero
LAALAND
Nyköbing
NORD
Flensbourg
Gjedser
Sassnitz
Schleswig
Fehmarn
(All.)
BALTIQUE
RUGEN
BORNHOLM
Rendsburg
Kiel
Stralsund
Rönne
ELBE
Warnemünde
Neumünster
Rostock
à Hambourg
à Berlin
à Berlin
Lubeck
G
N
E

PAYS-BAS ET BELGIQUE
(CARTE PHYSIQUE ET CARTE ÉCONOMIQUE)

MARCEL DUBOIS & SIEURIN.
CARTE N° 33
PAYS-BAS ET BELGIQUE
(CARTE POLITIQUE)
MER DU NORD
ZUIDERZEE
Rhin
Meuse
Pays situés au dessous
du niveau de la h.te mer
+ + + Limites d'États
- - - de Provinces
Chemins de Fer
MER DU NORD
J. Schiermonnikoog
J. Rottum
J. Ameland
G. de Dollart
J. Terschelling
Groningue
J. Vlieland
Leeuwarden
GRONINGUE
Harlingen
FRISE
le Helder
Assen
J. Wieringen
DRENTHE
HOLLANDE SEPT.
Schokland
Urk
Alkmaar
Hoorn
Kampen
ZUIDERZEE
Zwolle
Ymuiden
Saardam
Marken
OVER YSSEL
AMSTERDAM
Haarlem
Harderwyk
Deventer
Katwick
GUELDRE
Scheveningue
Leyde
Utrecht
LA HAYE
UTRECHT
Arnhem
Delft
Gouda
Schiedam
Rotterdam
HOLLANDE MÉRID.
Nimègue
Rhin Fl.
Wesel
J. Overflakkee
Dordrecht
J. Schouven
Meuse Fl.
Bois-le-Duc
Zierikzee
Breda
Tilbourg
N. Beveland
d'Holen
Tholen
BRABANT SEPT.
Middelbourg
Berg-op-zoom
Flessingue
Bergen
Venloo
Heyst
ZÉLANDE
Düsseldorf
Blankenberghe
ANVERS
LIMBOURG
Neuss
Ostende
Anvers
Bruges
St Nicolas
Nieuport
FLANDRE OR.LE
Cologne
Gand
Malines
LIMBOURG
FLANDRE OCC.LE
Hasselt
Roulers
Alost
Laeken
Louvain
Maastricht
Ypres
Courtrai
St Trond
Aix-la-Chapelle
Hazebrouck
BRUXELLES
Tirlemont
la Montagne
Escaut
BRABANT MÉRID.
Liège
Lille
Tournai
Soignies
Seraing
Verviers
Antoing
HAINAUT
LIÉGE
Namur
Huy
Spa
Mons
Charleroi
Arras
Sambre
NAMUR
Dinant
Maubeuge
Han
Givet
Cambrai
Oise Fl.
St Hubert
France
535
LUXEMBOURG
G.D DUCHÉ
Monthermé
DU
Meuse
LUXEMBOURG
Charleville
Mézières
Arlon
Luxembourg
à Bâle
MASSON et C.ie, éditeurs.
SIEURIN, del.
ARDENNE
Dunkerque

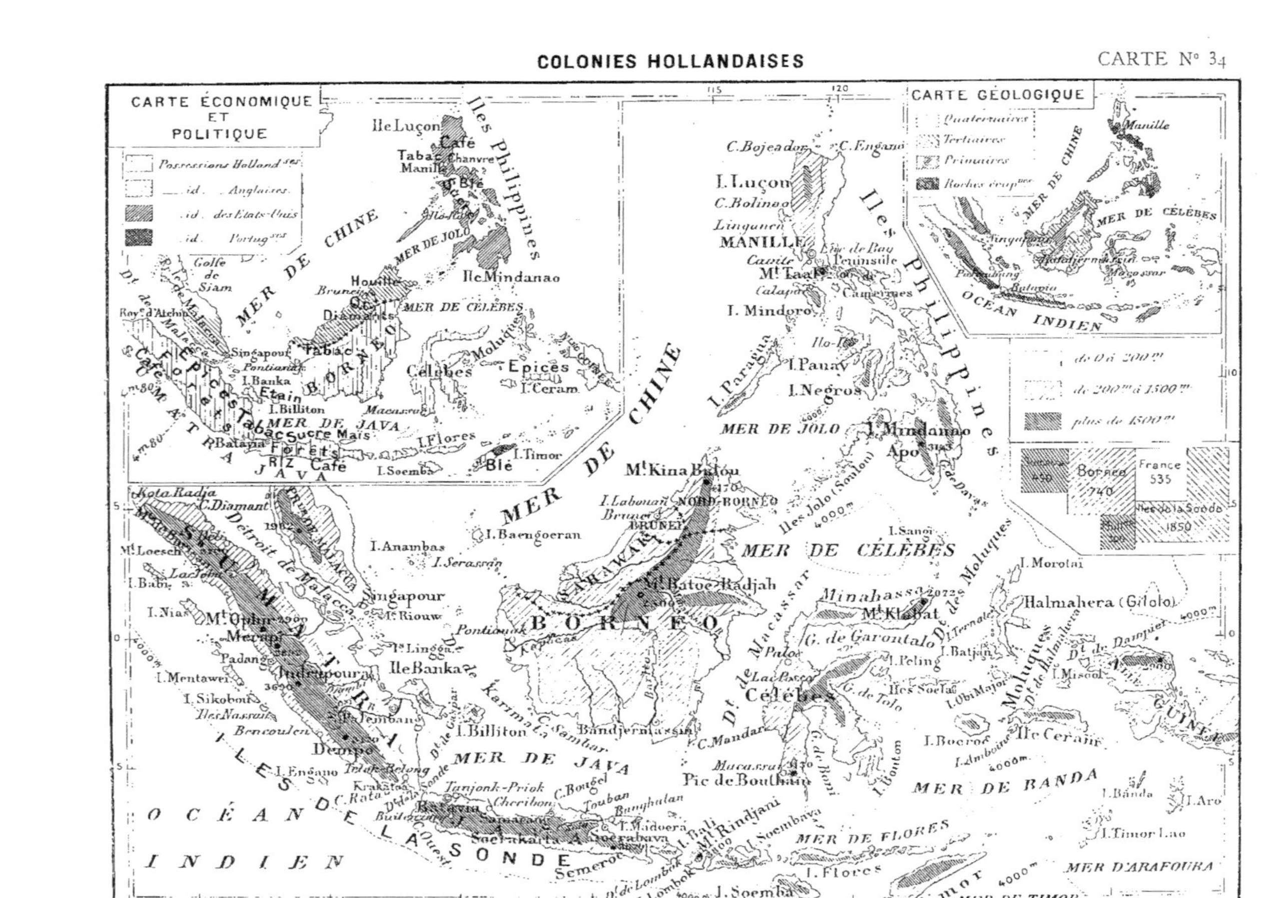
CARTE ÉCONOMIQUE ET POLITIQUE
Possessions Hollandaises
id. Anglaises
id. des États-Unis
id. Portugaises
CARTE GÉOLOGIQUE
Quaternaires
Tertiaires
Primaires
Roches éruptives
de 0 à 200 m
de 200 m à 1500 m
plus de 1500 m
Borneo 740
France 535
Îles de la Sonde 1850
Iles Philippines
Ile Luçon
Café
Tabac
Chanvre
Manille
Blé
MER DE CHINE
MER DE JOLO
Golfe de Siam
Houille
Brunei
Diamants
Ile Mindanao
MER DE CÉLÈBES
Singapour
Tabac
Pontianak
I. Banka
Étain
I. Billiton
Moluques
Celebes
Épices
I. Ceram
Macassar
MER DE JAVA
Tabac
Sucre
Maïs
Batavia
Forêts
Café
I. Flores
I. Timor
RIZ
JAVA
Blé
I. Soemba
Roy. d'Atchin
Dt de Malacca
Café
Forêts
C. Bojeador
C. Engaño
I. Luçon
C. Bolinao
Lingayen
MANILLE
Cavite
Mt Taal
Calapan
I. Mindoro
Ilo-Ilo
I. Panay
I. Negros
I. Paragua
MER DE JOLO
I. Mindanao
Apo
Iles Jolo (Soulou)
Iles de Davao
Peninsule de Camarines
Baie de Bay
Manille
MER DE CHINE
OCÉAN INDIEN
Singapour
Pontianak
Batavia
Macassar
Iles Philippines
MER DE CHINE
Kota Radja
C. Diamant
Prince of Wales
Détroit de Malacca
Mt Loeser
I. Babi
Lac Toba
I. Nias
Mt Ophir
Merapi
Padang
I. Mentawei
I. Sikoboi
Iles Nassau
Bencoulen
Dempo
I. Engano
Krakatoa
C. Rata
Batavia
Buitenzorg
Samarang
Soerakarta
Soerabaya
Semerou
SUMATRA
Détroit de la Sonde
Indrapoura
Palembang
Djambi
Singapour
Mt Riouw
I. Lingga
Pontianak
Ile Banka
I. Billiton
Karimata
C. Sambar
Bandjermassin
MER DE JAVA
Tanjonk-Priok
Cheribon
C. Bougel
Touban
Banghulan
I. Bali
I. Madoera
Mt Rindjani
I. Lombok
J. Soemba
SAWAK
Mt Kina Balou
Labouan
NORD-BORNEO
Brunei
BRUNEI
I. Baengoeran
I. Anambas
I. Serassan
BORNEO
Batoe Radjah
Mt Batoe Radjah
MER DE CÉLÈBES
I. Sanoi
I. Morotai
Minahassa
Mt Klabat
Halmahera (Gilolo)
G. de Garontalo
Paloe
I. Peling
I. Batjan
I. Miscol
Lac Posse
Dt de Célèbes
G. de Tolo
Iles Soela
I. Obi Major
Moluques
I. Bocro
Ile Ceram
C. Mandar
Macassar
Pic de Bouthain
I. Bouton
MER DE BANDA
I. Banda
I. Aro
MER DE FLORES
I. Flores
Timor
I. Timor Lao
MER D'ARAFOURA
MER DE TIMOR
OCÉAN INDIEN
ILES DE LA SONDE
Détroit de Macassar
GUINÉE

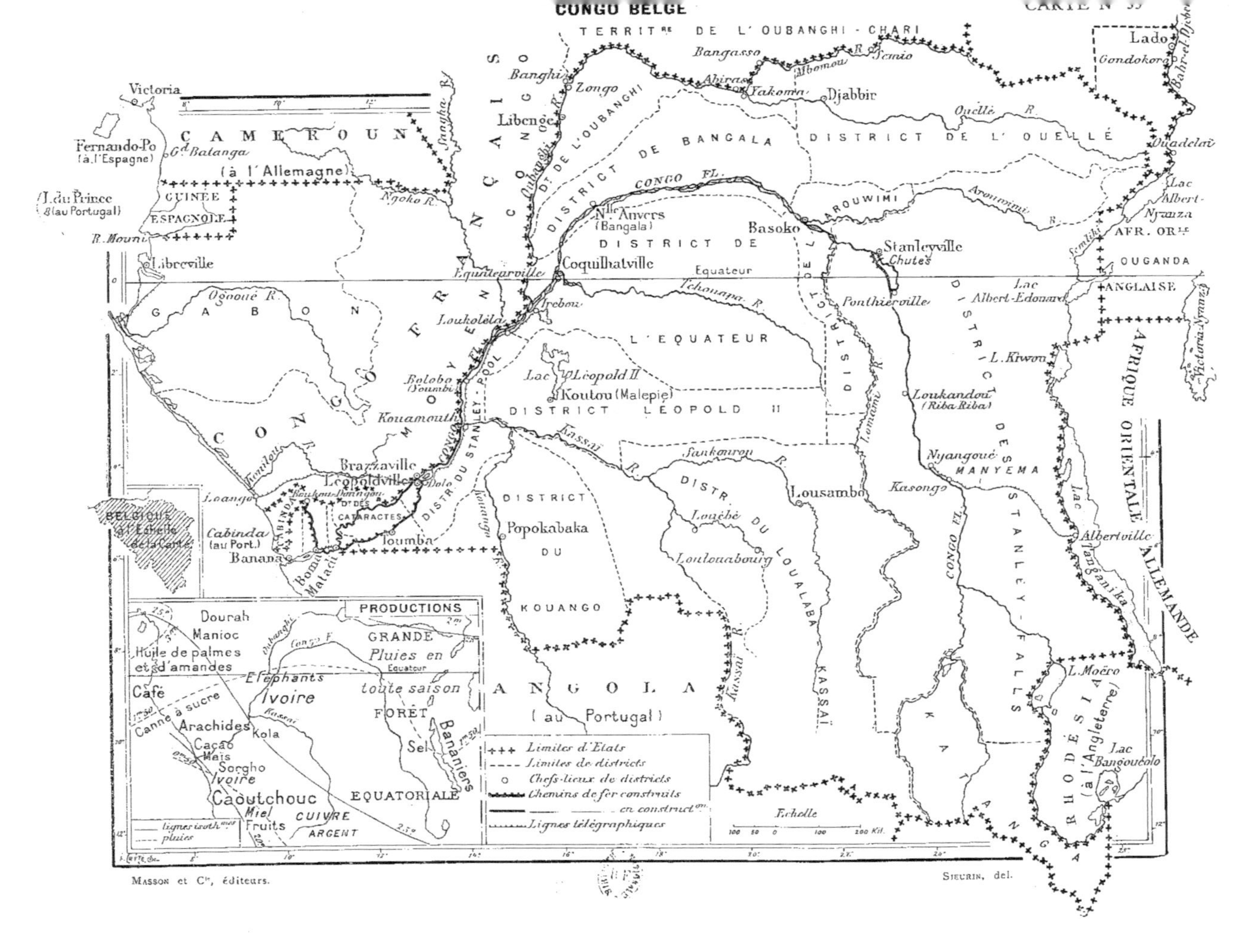

CONGO BELGE
CARTE N° 33
TERRITre DE L'OUBANGHI - CHARI
Lado
Gondokoro
Bahr-el-Djebel
Bangasso
R. Temio
Banghi
Zongo
Abiras
Mbomou
Yakoma
Djabbir
Ouellé R.
Ouadelaï
Libenge
Dt DE L'OUBANGHI
DISTRICT DE BANGALA
DISTRICT DE L'OUELLÉ
CONGO FL.
ROUWIMI
Aronwimi R.
Lac Albert-N'yanza
AFR. OR.le
Victoria
CAMEROUN (à l'Allemagne)
Fernando-Po (à l'Espagne)
Gde Batanga
Ngoko R.
Nle Anvers (Bangala)
Basoko
DISTRICT DE
Stanleyville
Chutes
OUGANDA
I. du Prince (au Portugal)
GUINÉE ESPAGNOLE
R. Mouni
Libreville
Equateurville
Coquilhatville
Equateur
Ponthierville
Lac Albert-Edouard
ANGLAISE
CONGO MOYEN
GABON
Ogooué R.
Loukolela
Trebou
Tchouapa R.
L'EQUATEUR
L. Kiwou
DISTRICT DES
Bolobo (Youmbi)
Lac Léopold II
Koutou (Malepie)
DISTRICT LEOPOLD II
Lomami R.
Loukandou (Riba Riba)
AFRIQUE ORIENTALE ALLEMANDE
Victoria-N'yanza
Kouamouth
Kassaï
Sankourou R.
Nyangoué MANYEMA
CONGO
Lac Tanganika
Brazzaville
Léopoldville
Dolo
DISTR DU STANLEY-POOL
Lousambo
Kasongo
Albertville
Loango
Banbou-Dominion
DISTRICT
Louébé DU LOUALABA
CONGO FL.
STANLEY-FALLS
BELGIQUE à l'échelle de la Carte
Cabinda (au Port.)
CABINDA
DISTR. DES CATARACTES
Ioumba
Popokabaka
DU
Loulouabourg
KASSAÏ
KASSAÏ
L. Moëro
Banana
Romba
Matadi
Banana
KOUANGO
DISTR.
KATANGA
RHODÉSIA (à l'Angleterre)
Lac Bangouéolo
PRODUCTIONS
Dourah
Manioc
Huile de palmes et d'amandes
Café
Eléphants
Ivoire
Canne à sucre
Arachides
Kola
Caçao
Maïs
Sorgho
Ivoire
Caoutchouc
Miel
Fruits
CUIVRE
ARGENT
GRANDE
Pluies en
Equateur
toute saison
FORÊT
Sel
Bananiers
EQUATORIALE
ANGOLA (au Portugal)
KOUANGO
Limites d'Etats
Limites de districts
Chefs-lieux de districts
Chemins de fer construits
en construction
Lignes télégraphiques
lignes isothermes
pluies
Echelle
100 50 0 100 200 Kil.
MASSON et Cie, éditeurs.
SIEURIN, del.

DANEMARK
Embouchure de l'Elbe
de 0 à 100 m.
de 100 à 300 m.
de 300 à 500 m.
au-dessus de 500 m.
MER BALTIQUE
MER DU NORD
Memel
Niemen R.
Samland
Prégel R.
B.e de Dantzig
Königsberg
Elbing
Thurmberg
G. de Schleswig
SCHLESWIG
I. Alsen
I. Fehmarn
I. Rugen
I. Usedom
I. Wollin
Kiel
B.e de Lubeck
Lubeck
Helgoland
Arch. d'Ort-Frise
Borkum
Cuxhaven
Brêmerhafen
Hambourg
Wilhelmshafen
MECKLENBOURG
POMERANIE
Région lacustre
Stettin
Hauteurs Lacustres
Vistule
Netze R.
Thorn
Brême
Lunebourg
Landes
Elbe Fl.
BRANDEBOURG
Spandau
Berlin
Brandenbourg
Magdebourg
Custrin
Francfort
Warta R.
Posen
Oder Fl.
Grünberg
Glogau
HOLLANDE
Marais de Bourtange
Ems Fl.
Hunte R.
Aller R.
Lippe
Ruhr
Minden
Portes de Westphalie
Teutoburger Wald
Weser Fl.
Leine R.
M.t Brocken
Harz
Plateau de Thuringe
Torgau
Leipzig
Oppeln
Tarnowitz
BELGIQUE
LUXEMBOURG
Eifel
Coblenz
Wester Wald
Taunus
Rhin
Francfort
Main Fl.
Schneeberg
Fichtel Gebirge
AUTRICHE-HONGRIE
BOHEME
Eger R.
Breslau
Moselle
Mayence
Donnersberg Wald
Oden Wald
Hardt
Carlsruhe
Rhin Fl.
Forêt Noire
Schwarz Wald
Souabe
Rauhe Alp
Plateau Bavarois
Danube
Munich
Vosges
Feldberg
L. de Constance
SUISSE
Régime des pluies en Allemagne
Hambourg
Berlin
Dresde
Varsovie
moins de 48 cent.
de 48 à 55
de 55 à 70
de 70 à 85
plus de 85
ALLEMAGNE GÉOLOGIQUE
Terrains quaternaires
Terrains tertiaires
Terrains secondaires
Ter.s primaires et primitifs
Roches volcaniques
Berg   Montagne
Bœhmer Wald   F.t de Bohême
Donnersberg   M.t du Tonnerre
Erz Gebirge   M.ts des Métaux
Franken Wald F.t de Franconie
Fichtel Gebirge M.ts des Pins
Gebirge   Ch.ne de Montagnes
Hafen   Port
Haff   Golfe
Heide   Lande
Hunsruck   Dos de Chien
Rauhe-Alp   Âpre-Mont
Riesen Gebirge M.ts des Géants
Rothhaar   Chevaux Rouges
Schneeberg   M.t des Neiges
Schwarz-wald Forêt Noire
Schneekoppe   Coupole de Neige
See   Lac
Spessart   F.t de l'Épervier
Thal   Vallée
Thuringer Wald F.t de Thuringe
Thurmberg   M.t de Tour
Vogelsberg   M.t des Oiseaux
Wald   Forêt
Wester Wald   F.t de l'Ouest

MER DU NORD
MER BALTIQUE
DANEMARK
SCHLESWIG
HOLSTEIN
Kiel
Warnemünde
Rostock
Wismar
Schwerin
Swinemünde
Lübeck
Bremerhaven
Altona
Wilhelmshaven
Hambourg
LAUENBOURG (D)
MECKLEMBOURG (G.D.)
Neu-Strelitz
POMÉRANIE
Stettin
Dantzig
Héla
Elbing
Tilsitt
Koenigsberg
à St-Pétersbourg
PRUSSE
Oldenbourg
Brême
OLDENBOURG (G.D.)
HANOVRE
Hanovre
SCHAUMBOURG (L.P.)
Brunswick
BRANDEBOURG
BERLIN
Francfort
Posen
POSEN
Varsovie
Vistule
Bromberg
Netze
Warta
Oder Fl.
Spree Fl.
Magdebourg
Dessau
SAXE
Leipzig
SILÉSIE
Breslau
Waldenbourg
RUSSIE
HOLLANDE
Rhin
WESTPHALIE
Essen
Ruhrfort
Duisbourg
Crefeld
Dortmund
Elberfeld
Barmen
Iserlohn
WALDECK
Düsseldorf
Cologne
Aix-la-Chapelle
PROVINCE RHÉNANE
Bonn
Coblenz
Ems
Lahn
BELGIQUE
SCHWARZBOURG-SONDERSHAUSEN
THURINGE
SCHWARZBOURG-ROUDOLSTAT
Dresde
Freiberg
Chemnitz
Zwickau
Plauen
Elbe Fl.
Prague
à Vienne
AUTRICHE-HONGRIE
NASSAU
HESSE
Francfort
Mayence
Darmstadt
HESSE (G.D.)
Mannheim
PALATINAT
Heidelberg
Wurtzbourg
Nuremberg
Ratisbonne
Danube
BAVIÈRE (R)
Augsbourg
Munich
à Vienne
Mosel
Metz
LORRAINE
PAYS D'EMPIRE
Carlsruhe
Stuttgart
WURTEMBERG (R)
Bâle
L. de Constance
SUISSE
Strasbourg
ALSACE
Colmar
Guebwiller
Mulhouse
FRANCE
Rhin
MASSON et Cie, éditeurs.
SIEURIN, del.
ABRÉVIATIONS
Royaume......R
Grand Duché G.D.
Duché.........D
Principauté....P
France 535
Allemagne 540
Régions industrielles
ALLEMAGNE ÉCONOMIQUE
Pommes de terre
Chevaux
Moutons
Forêts
Céréales
Bois
Betteraves
Bœufs
Bétail
Brasseries
Houille
Tabac
Houblon
Prairies
Forêts de Dantzig
Koenigsberg
Kiel
Lübeck
Berlin
Magdebourg
Leipzig
Breslau
Tarnowitz
Metz
Nuremberg
Munich

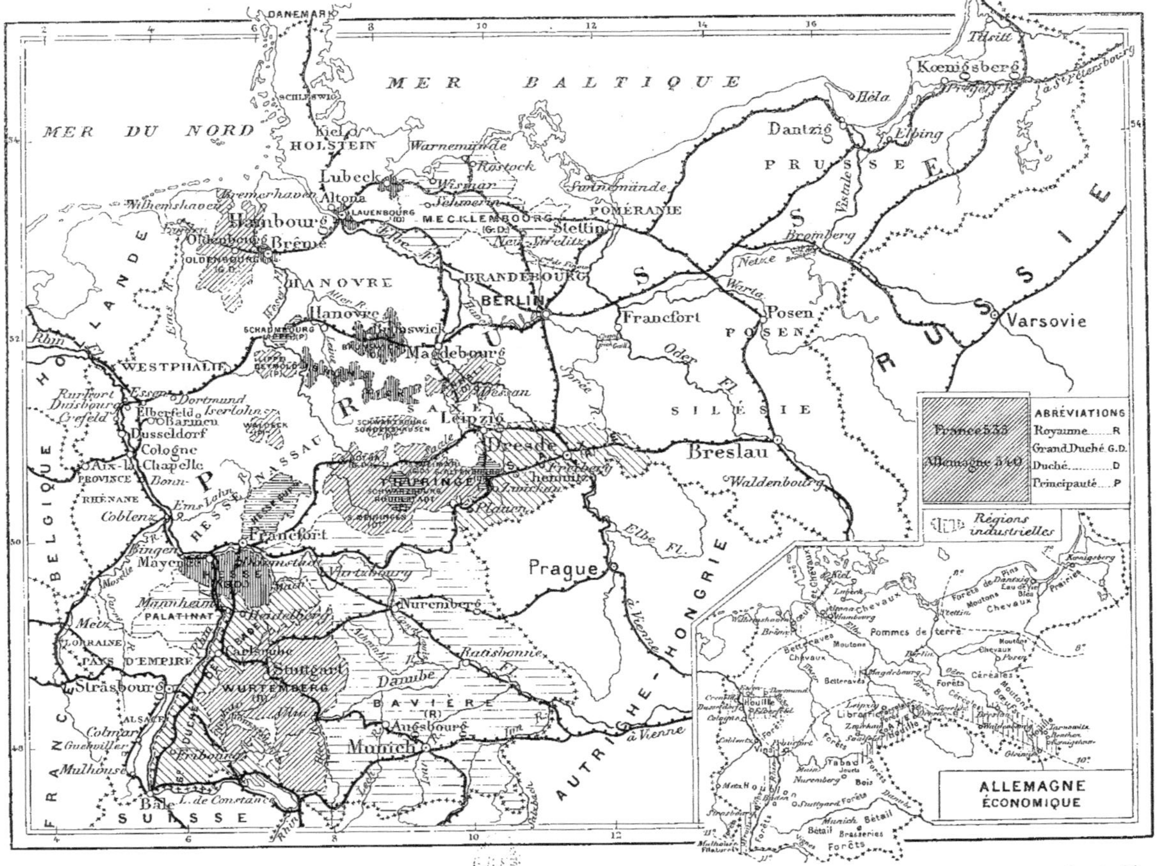

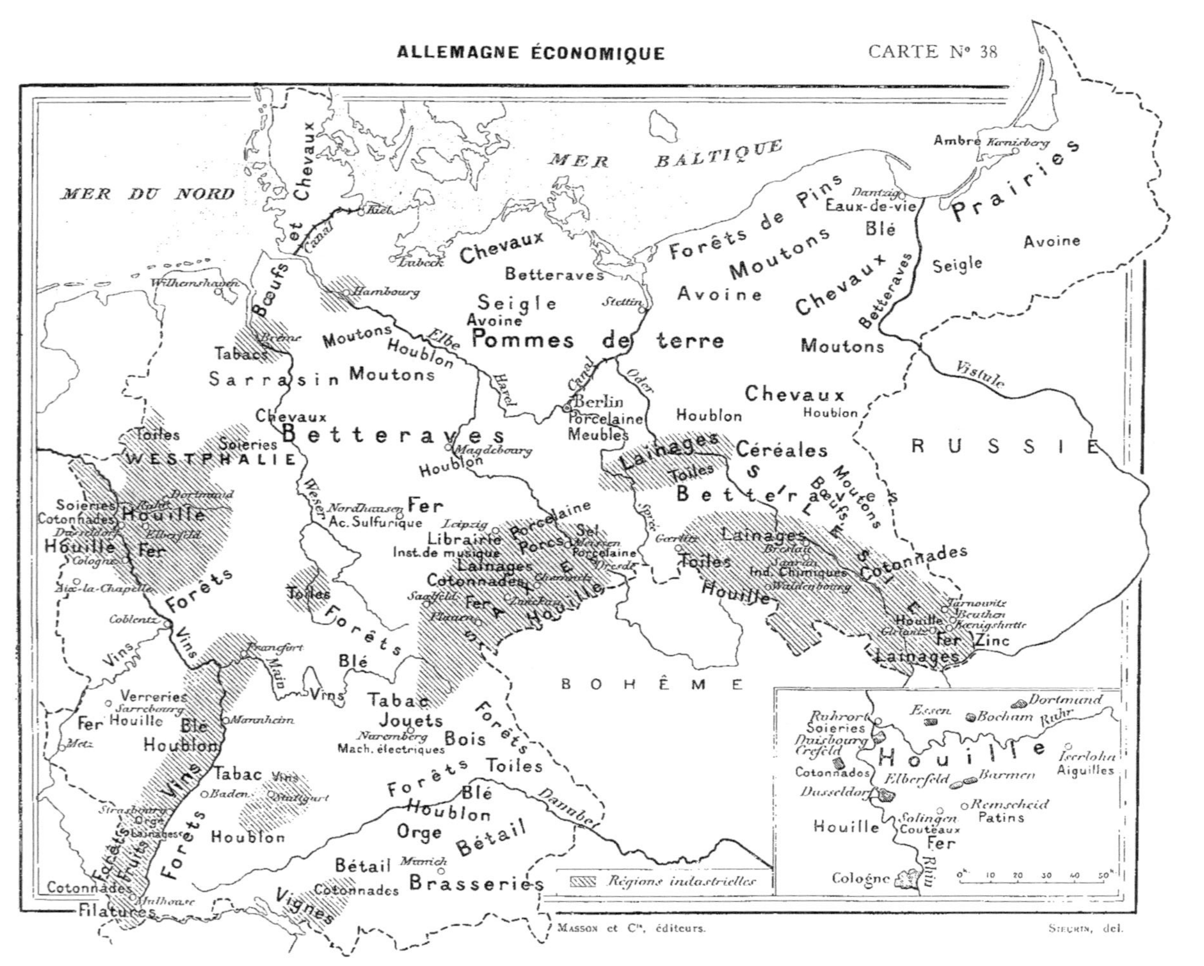
MER DU NORD
MER BALTIQUE
Ambre
Prairies
Forêts de Pins
Eaux-de-vie
Moutons
Blé
Avoine
Chevaux
Betteraves
Seigle
Chevaux
Betteraves
Seigle
Avoine
Pommes de terre
Avoine
Moutons
Chevaux
Moutons
Houblon
Vistule
Tabac
Sarrasin
Moutons
Houblon
Houblon
Berlin
Porcelaine
Meubles
Chevaux
Houblon
RUSSIE
Toiles
Chevaux
Betteraves
Magdebourg
Lainages
Céréales
Soieries
WESTPHALIE
Houblon
Toiles
Betteraves
Moutons
Boeufs
Soieries
Cotonnades
Houille
Fer
Ac. Sulfurique
Leipzig
Porcelaine
Sel
Lainages
Cotonnades
Houille
Fer
Librairie
Inst. de musique
Porcs
Porcelaine
Toiles
Lainages
Cotonnades
Houille
Fer
Forêts
Toiles
Lainages
Cotonnades
Ind. Chimiques
Houille
Fer
Zinc
Lainages
BOHÊME
Forêts
Vins
Vins
Frankfort
Blé
Vins
Tabac
Jouets
Bois
Mach. électriques
Forêts
Toiles
Verreries
Fer
Houille
Blé
Houblon
Vins
Tabac
Vins
Forêts
Blé
Houblon
Orge
Bétail
Danube
Houblon
Forêts
Fruits
Vins
Forêts
Bétail
Cotonnades
Filatures
Vignes
Cotonnades
Brasseries
Régions industrielles
Houille
Soieries
Cotonnades
Houille
Fer
Aiguilles
Patins
Couteaux
Fer
Houille
Cologne
Rhin

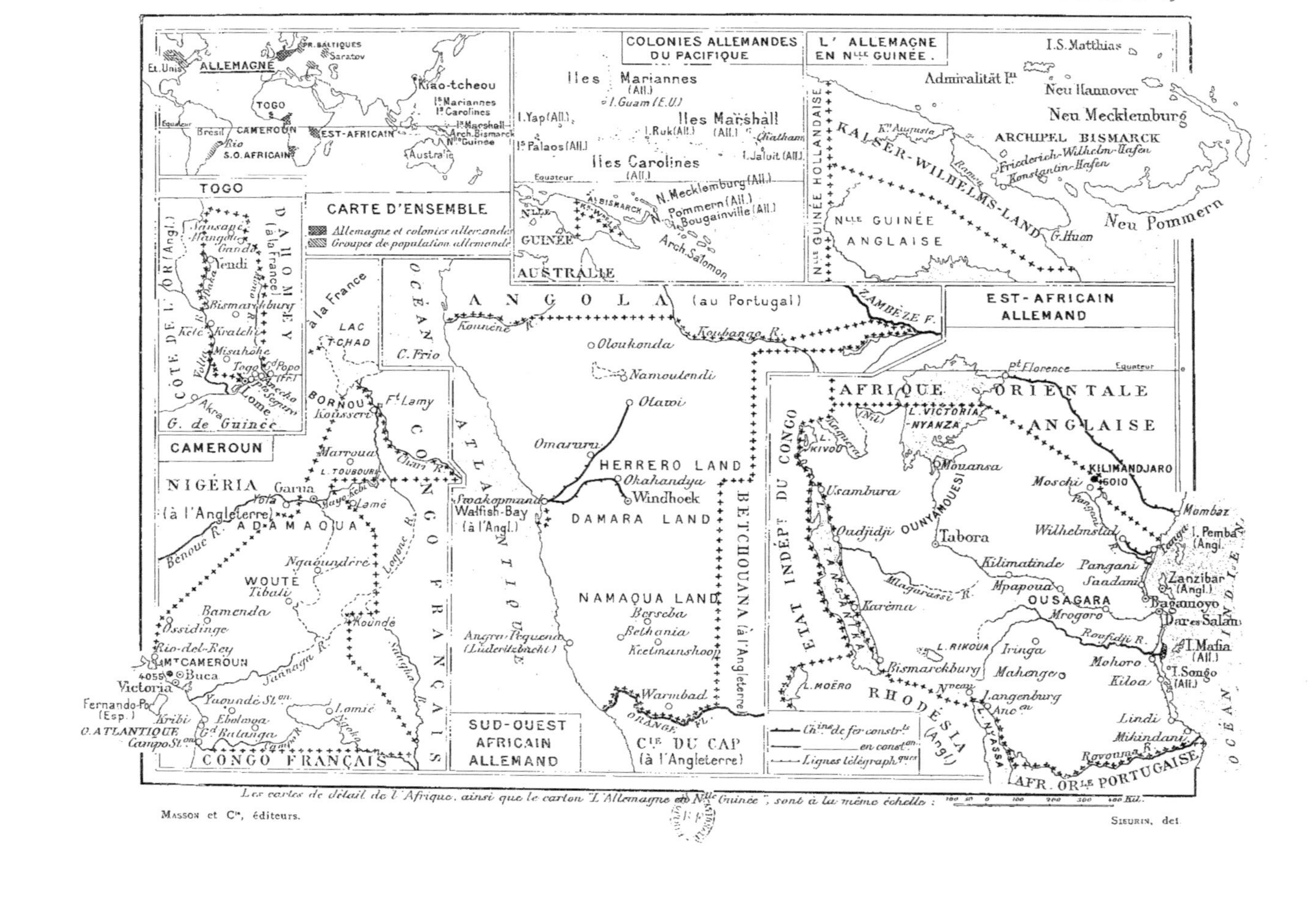
COLONIES ALLEMANDES DU PACIFIQUE
L'ALLEMAGNE EN Nᵉˡˡᵉ GUINÉE.
ALLEMAGNE
Et. Unis
PR. BALTIQUES
Saratov
TOGO
CAMEROUN
EST-AFRICAIN
Brésil
Rio
S.O. AFRICAIN
Équateur
Kiao-tcheou
Iˢ Mariannes
Iˢ Carolines
Iˢ Marshall
Arch. Bismarck
Nᵉ Guinée
Australie
Iles Mariannes (All.)
I. Guam (E.U.)
I. Yap (All.)
Iles Marshall (All.)
I. Ruk (All.)
Chatham
Iˢ Palaos (All.)
I. Jaluit (All.)
Iles Carolines (All.)
Équateur
N. Mecklemburg (All.)
Pommern (All.)
Bougainville (All.)
Arch. Salomon
Nᵉˡˡᵉ GUINÉE
I.S. Matthias
Admiralität Iᵗ
Neu Hannover
Neu Mecklemburg
ARCHIPEL BISMARCK
Kⁿ Augusta
Friederich-Wilhelm-Hafen
Konstantin-Hafen
Nᵉˡˡᵉ GUINÉE HOLLANDAISE
KAISER-WILHELMS-LAND
G. Huon
Nᵉˡˡᵉ GUINÉE ANGLAISE
Neu Pommern
TOGO
DAHOMEY (à la France)
CÔTE DE L'OR (Angl.)
Sansane
Mangou
Gando
Yendi
Bismarckburg
Kété Kratchi
Misahöhe
Togo
Gᵈ Popo
Anecho
Petit Popo (Fᵛ)
Lome
Akra
G. de Guinée
CAMEROUN
CARTE D'ENSEMBLE
Allemagne et colonies allemandes
Groupes de population allemande
BORNOU
Kousseri
LAC TCHAD
Fᵗ Lamy
Chari R.
à la France
OCÉAN ATLANTIQUE
C. Frio
ANGOLA (au Portugal)
Kouncne R.
Koubango R.
ZAMBÈZE F.
Oloukonda
Namoutendi
Otawi
Omaruru
HERRERO LAND
Okahandja
Windhoek
DAMARA LAND
Swakopmann
Walfish-Bay (à l'Angl.)
BETCHOUANA (à l'Angleterre)
NAMAQUA LAND
Berseba
Bethania
Keetmanshoop
Angra-Pequena (Lüderitzbucht)
Warmbad
ORANGE Fᵛ
SUD-OUEST AFRICAIN ALLEMAND
Cᵗᵉ DU CAP (à l'Angleterre)
EST-AFRICAIN ALLEMAND
AFRIQUE ORIENTALE ANGLAISE
Ptᵉ Florence
Équateur
ÉTAT INDÉPᵗ DU CONGO
L. VICTORIA NYANZA
(Nil)
L. KIVOU
L. Kraguera
Mouansa
Usambura
Oudjidji
OUNYAMOUESI
Tabora
KILIMANDJARO 6010
Moschi
Kilimatinde
Mpapoua
Karéma
Magarassi R.
L. RIKOUA
Iringa
Bismarckburg
Mahenge
L. MOÉRO
RHODÉSIA (Angl.)
Langenburg
L. NYASSA
Mombaz
I. Pemba (Angl.)
Wilhelmstad
Pangani
Saadani
Zanzibar (Angl.)
OUSAGARA
Morogoro
Baganoyo
Dar-es-Salam
Roufidji R.
Mohoro
Kiloa
I. Mafia (All.)
I. Songo (All.)
Lindi
Mikindani
Ravouma
AFR. ORᵗᵉ PORTUGAISE
OCÉAN INDIEN
NIGÉRIA (à l'Angleterre)
Garua
Yola
Maye-kebi
Lamé
Benoué R.
ADAMAOUA
Marroua
L. TOUBOURI
Ngaoundéré
WOUTE
Tibali
Bamenda
Ossidinge
Rio-del-Rey
Kounde
Logone R.
Sanaga R.
Mᵗ CAMEROUN 4055
Buca
Victoria
Fernando-Po (Esp.)
Kribi
Ebolowa
Gᵈ Batanga
Campo Stⁿ
O. ATLANTIQUE
Yaoundé Stⁿ
Lomie
Njoka
CONGO FRANÇAIS
Chⁿⁱⁿᵉ de fer constrᵗᵉ
en constⁿ
Lignes télégraphᵠᵘᵉˢ
Les cartes de détail de l'Afrique, ainsi que le carton "L'Allemagne en Nᵉˡˡᵉ Guinée", sont à la même échelle : 100 50 0 100 200 300 400 Kil.

SUISSE PHYSIQUE

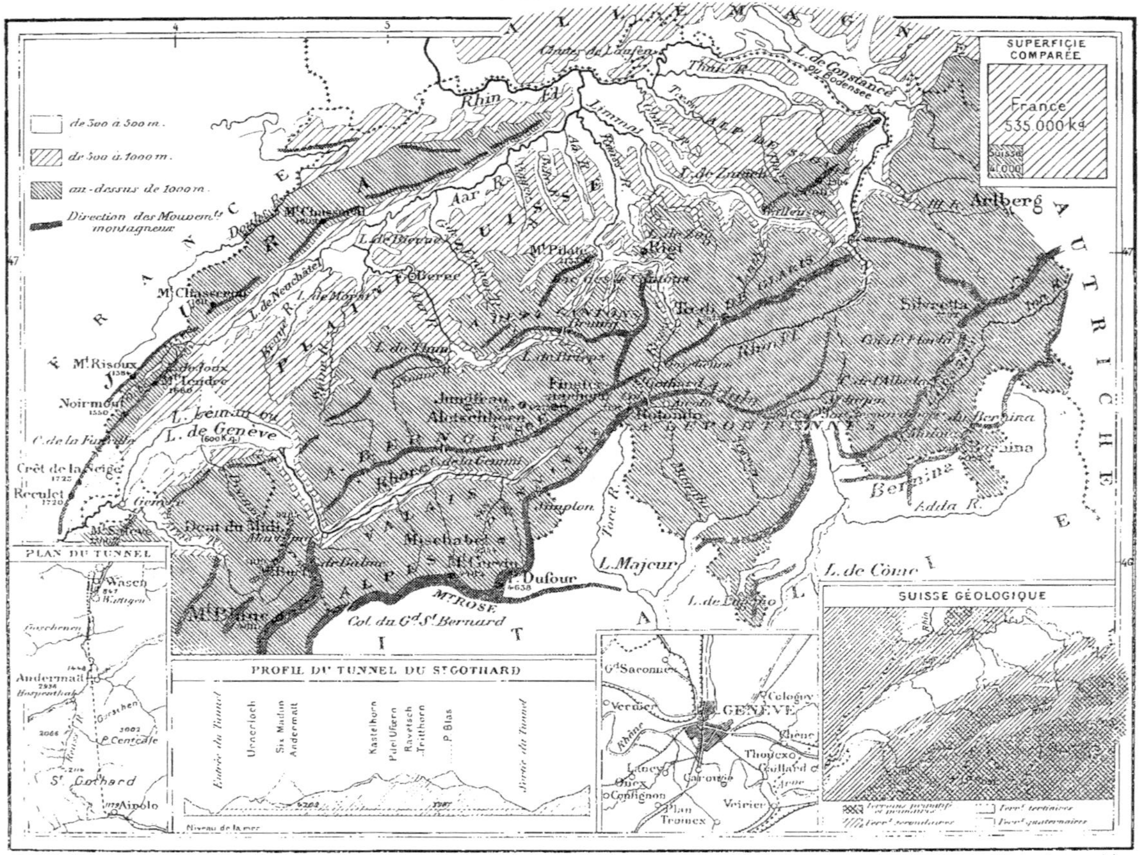

CARTE Nᵒ 40

de 3oo à 5oo m.

de 5oo à 1000 m.

au-dessus de 1000 m.

Direction des Mouvem.ᵗˢ montagneux

SUPERFICIE COMPARÉE

France 535.000 k⁹

SUISSE 41.000

ALLEMAGNE

FRANCE

AUTRICHE

Rhin Ht

Chûte de Laufen

L. de Constance ou Bodensee

Thur R.

Aar R.

Limmat

Reuss R.

JURA

M.ᵗ Chasseron

M.ᵗ Chasseral

Dent de Vaulion

L. de Neuchâtel

L. de Morat

L. de Berne

M.ᵗ Pilate 2121

Righi

L. de Zoug

M.ᵗ Risoux 1354

Dôle 1680

Dôle 1554

Noirmont 1550

M.ᵗ Tendre 1680

PLATEAU

SUISSE

Oberee

L. de Thun

Brienz

L. des 4 Cantons

GLARIS

Rhin

Silvretta

Gr.ᵈᵉˢ Fenètre

L. d'Albula

C. de la Faucille

Crêt de la Neige 1723

Reculet 1720

L. Léman ou L. de Genève (500 k.q.)

Gem...

M.ᵗ Salève

Dent du Midi

ALPES

Jungfrau

Aletschhorn

BERNOISES

C. de la Gemmi

Rhône

VALAIS

Finster-aarhorn

Gothard

Furka

Rotondo

Simplon

Bernina

Adda R.

M.ᵗ Cervin

Mischabel

Dufour 4638

M.ᵗ ROSE

M.ᵗ Blanc

Col du G.ᵈ St Bernard

ITALIE

Torce R.

Tessin

L. Majeur

L. de Lugano

L. de Côme

46

47

4

5

PLAN DU TUNNEL

Wasen

Wattigen

Goeschenen

Andermatt 1444

2934 Hospenthal

Goeschen

2066

P. Centrale 3002

St Gothard

Airolo

PROFIL DU TUNNEL DU St GOTHARD

Entrée du Tunnel

Uncerloch

Six Madun Andermatt

Kastelhorn

Pulei Uffern

Ravetsch

Trithorn

P. Blas

Sortie du Tunnel

Niveau de la mer

G.ᵈ Saconnex

Verúier

Cologny

GENÈVE

Rhône

Chêne

Thoyexo

Goillard

Arve

Laney

Onex

Confignon

Carrouge

Veirier

Plan Tronex

SUISSE GÉOLOGIQUE

Rhin

terrains primitifs et primitives

terr.ᵗ tertiaires

terr.ᵗ secondaires

terr.ᵗ quaternaires

Sulcux, del.

ALLEMAGNE
AUTRICHE
SUISSE
FRANCE
ITALIE

Mulhouse
Lure
Épinal
Belfort
Delle
Porrentruy
Besançon
Doubs R.
Bâle
Schaffouse
SCHAFFHOUSE
Constance
L. de Constance
Frauenfeld
THURGOVIE
Winterthur
ZURICH
St Gall
Zurich
Appenzell
Olten
Aarau
ARGOVIE
BALE
SOLEURE
Soleure
Delémont
la Chaux de Fonds
Neuchâtel
NEUCHATEL
Morat
BERNE
Fribourg
FRIBOURG
VAUD
Lausanne
Vevey
Nyon
Lac Léman
Coppet
Genève
St Maurice
Arve R.
Martigny
VALAIS
Domo d'Ossola
Sion
Rhône
Louèche
Brieg
L. de Thun
L. de Brienz
Interlaken
LUCERNE
Lucerne
L. des 4 Cantons
Zug
Stanz
Sarnen
UNTERWALDEN
Schwyz
SCHWYZ
Altdorf
URI
Airolo
L. de Zurich
Wallenzee
Glaris
GLARIS
Coire
GRISONS
Rhin Fl.
TESSIN
Bellinzona
Locarno
Lugano
L. Majeur
L. de Lugano
L. de Côme
Côme
v. Milan
Adda R.
FRANCE
ITALIE

SUISSE
Lausanne
Aubonne
Rolle
Morges
Ouchy
LAC DE GENÈVE OU LÉMAN
Vevey
Montreux
Chillon
Villeneuve
Bouveret
Thonon
Évian
Nyon
Coppet
Versoix
Genève
Annemasse
Rhône
St Maurice
Rhône Fl.
FRANCE

St Louis
Huningue
Bourgfelden
Allschwil
BALE
BALE VILLE
Binningen
Neuwiller
Bettingen
Rienen
Birsfelden
Jacob
Brüglingen
Neue Welt
Jungfrau

MtTendre
Col du St Gothard
Engadine
JURA
PLAINE SUISSE
SUISSE ALPESTRE
Niveau de la mer
Coupe par le St Gothard de la Plaine suisse et de la Suisse montueuse.

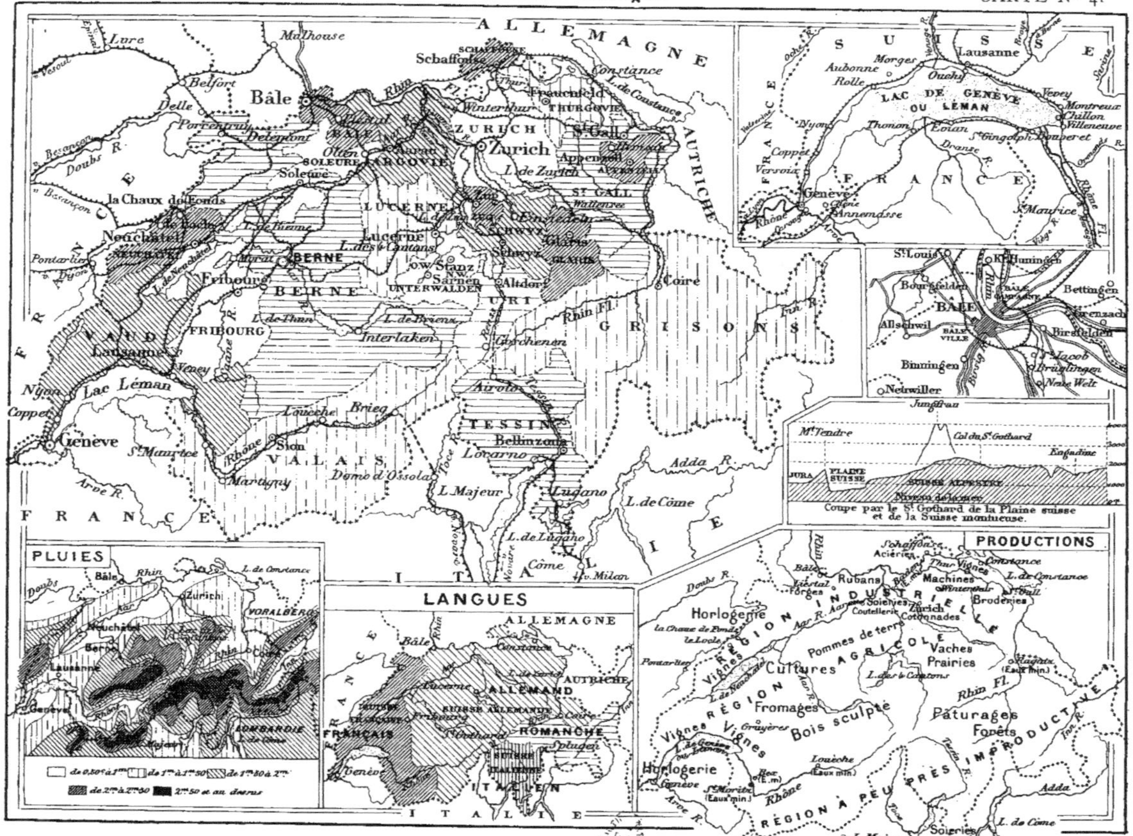

PRODUCTIONS
Schaffouse
Aciéries
Constance
L. de Constance
Rubans
Machines
Broderies
Forges
Soieries
Coutellerie
Cottonnades
Horlogerie
la Chaux de Fonds
le Locle
RÉGION INDUSTRIELLE
Vignes
Cultures
Pommes de terre
Vaches
Prairies
RÉGION AGRICOLE
Fromages
Gruyères
Bois sculpté
Pâturages
Forêts
Vignes
Horlogerie
Genève
Louèche
St Moritz
Rhône
RÉGION A PEU PRÈS IMPRODUCTIVE
L. Majeur
Soieries
L. de Côme
Adda

PLUIES
Bâle
Rhin
Doubs
Zurich
L. de Constance
VORALBERG
Neuchâtel
Berne
Lausanne
Genève
LOMBARDIE
L. de Côme
de 0m,50 à 1m   de 1m à 1m,50   de 1m,50 à 2m
de 2m à 2m,50   2m,50 et au dessus

LANGUES
ALLEMAGNE
Bâle
Constance
Lucerne
ALLEMAND
SUISSE ALLEMANDE
AUTRICHE
ROMANCHE
FRANÇAIS
Genève
ITALIEN
ITALIE

SIEURIN, del.

SUPERFICIE COMPARÉE
France 535
Aut.-Hong. 675
SAXE
BAVIÈRE
Danube
Lech R.
L. de Constance
L. de Garde
ITALIE
Trieste
G. de Venise
ISTRIE
Pola
MER DE QUARN
M. ER ADRIATIQUE
A. RHÉTIQUES
A. NORIQUES
TYROL
A. CARNIQUES
A. JULIENNE
Trente
Inn R.
Passau
Vienne
Danube
Prague
ERZ GEBIRGE
Fichtel Gebirge
Eger Fl.
Elbe Fl.
Moldau R.
Morava R.
RIESEN GEBIRGE
Schneekopfe
Schneeberg
SILÉSIE
Oder R.
SUDÈTES
Cracovie
M'e Beskides
Tatra
POLOGNE
Vistule Fl.
VOLYNIE
Plateau de Gahcie
Dniester
Bug R.
K.ARPATHES
A. de Lapten
Tokay R.
Pressbourg
TERRES BASSES
Hatra
Puszta
Buda-Pest
L. Neusiedler
Raab R.
Drave R.
Save R.
Agram
Alföld
Plaine Sableuse de Coumanie
L. Balaton
DE HONGRIE
Szegedin
Plaine Sableuse
Karos R.
Maros R.
Theiss
Ramos R.
M'e Bihar
M'e Moudhm
MOLDAVIE
ROUMANIE
VALACHIE
Portes de Fer
Orsova
Belgrade
Fruskagora
SERBIE
BOSNIE
HERCÉGOVINE
Zara
Spalato
Lissa
I. Lesina
I. Curzola
Ragusa
Cattaro
MONTÉNÉGRO
0 à 100 m
100 à 300 m
300 à 500 m
plus de 500 m
GÉOLOGIE
Plateau Bavarois
Plaine de Hongrie
Bassin de Hongrie
ETHNOGRAPHIE
Tchèques
Slaves (18 Millions)
Moraves
Slovaques
Polonais
Juifs
Ruthènes
Petits Russiens
Allemands (10 Millions)
Italiens
Hongrois (6 Millions)
Slovènes
Croates
Serbes
Albanais
Grecs-Turcs
Roumains (7 Millions)

Sieurin, del.

PRODUCTIONS

BOHÊME ÉCONOMIQUE

MER ADRIATIQUE

RUSSIE

GALICIE

ALLEMAGNE

BOHÊME

MORAVIE

BASSE AUTRICHE

HAUTE AUTRICHE

TYROL

VORARLBERG

SUISSE

ITALIE

STYRIE

CARINTHIE

CARNIOLE

ISTRIE

CROATIE

SLAVONIE

HONGRIE

TRANSLEITHANS

CISLEITHANS

TRANSYLVANIE

ROUMANIE

SERBIE

BOSNIE

HERZÉGOVINE

MONTÉNÉGRO

DALMATIE

TURQUIE

Sandjak Novi-Bazar de Novi-Bazar

Lemberg (Lwow)

Czernowitz

Cracovie

Prague

Pilsen

Reichenberg

Carlsbad

Eger

Brünn

Vienne

Presbourg

Salzbourg

Innsbruck

Munich

Trente

Vérone

Trieste

Fiume

Zara

Spalato

Raguse

Graz

Klagenfurth

Laibach

Marbourg

Agram

BUDAPEST

Debreczen

Szegedin

Gross-Wardein

Klausenbourg

Temesvar

Maria-Theresiopel

Neusatz

BELGRADE

Salonique

Serajevo

Bucharest

Elbe Fl.

Moldau R.

Danube

Drave R.

Save R.

Theiss R.

Maros R.

Dniester Fl.

Odeva Fl.

Oder Fl.

Vistule

Moselle

Rhin

Ostrogobo-Vazza

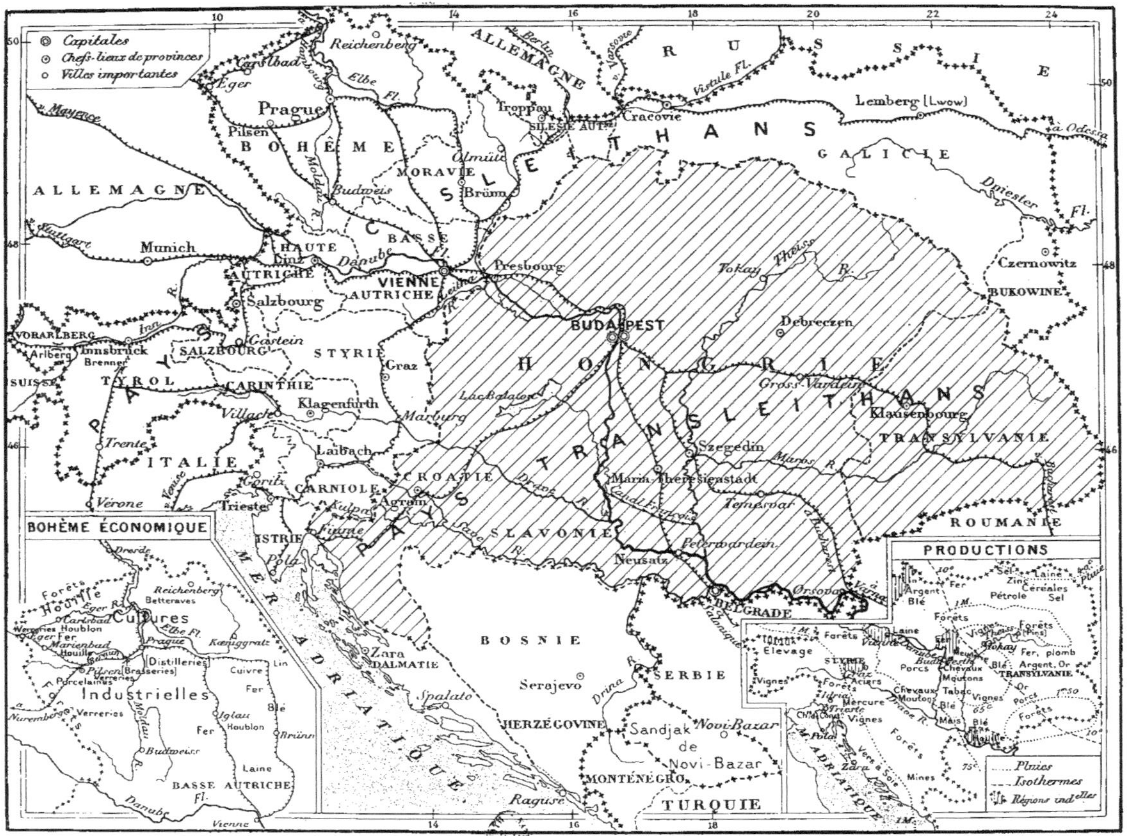

Capitales

Chefs-lieux de provinces

Villes importantes

Masson et Cⁱᵉ, éditeurs.

AUTRICHE-HONGRIE ÉCONOMIQUE
CARTE N° 44
Forêts
Houille
Cultures
Betteraves
Blé
Eger
Karlsbad
Verreries
E. M. Fer
Houblon
Marienbad
Houille
Blé
Distilleries
Brasseries
Pilsen
Verreries
Porcelaines
Verreries
Industrielles
Cuivre
Lin
Fer
Blé
Iglau
Fer
Houblon
Brünn
Lainages
Danube
Forêts
Blé
Moldau
Budweis
Teplitz
Gablonz
Reichenberg
Königgratz
Prague
Elbe
Moutons
Vistule
Argent
Fer
Wieliczka
Sel
Zinc
Pommes de terre
Pétrole
Céréales
Betteraves
Sel
Lin
Forêts
Orge
Forêts
BASSE AUTRICHE
Laine
Betteraves
Vienne
Minoteries
Meubles
Presbourg
Seigle
Fer
Vins
Tokay
Theiss
Fer
Plomb
Argent
Or
Forêts
Bétail
Maïs
Vignes
STYRIE
Gastein
E. M.
Fer
Fer
Houille
Graz
Aciers
Plomb
Bleiburg
Klagenfurt
Forêts
Maïs
Mercure
Idria
Mûrier
Trieste
Chx de Conston
Avoine
Buda-Pest
E. M.
Meunerie
Minoteries
Seigle
Porcs
Chevaux
Blé
Moutons
Tabac
Chevaux
Moutons
Blé
Maïs
Vignes
Blé
Fer
Houille
Drave
Save
Danube
Porcs
Blé
Porcs
Fiume
Fruits
Vignes
Vers à soie
Pola
Maquereau
Thon
Sardine
Zara
Chx de Conston
ADRIATIQUE
Forêts
Bœufs
Houille
Mines
Portes de fer
Régions industrielles.
MASSON et Cie. éditeurs.
SIEURIK, del.

ALLEMAGNE
Graslitz
Carlsbad
Teplitz
Sadova
Prague
Tchèques
BOHÊME
Olmütz
MORAVIE
Polonais
Juifs
Brody
Lemberg
CISLEITHANS
Ruthènes
BAVIÈRE
Slovaques
AUTRICHE
VIENNE
Presbourg
Danube Fl.
Thciss R.
BUKOVINE
Gratzbourg
BUDA-PEST
HONGRIE
Debreczen
Allemands
PAYS
Innspruck
STYRIE
Magyars
TRANSLEITHANS
SUISSE
TYROL
CARINTHIE
Graz
Szegedin
TRANSYLVANIE
Italiens
ITALIE
Slovènes
CROATIE
Agram
Drave
Roumains
Vérone
Trieste
CARNIOLE
Laibach
ISTRIE
Fiume
Croates
PAYS
SLAVONIE
Belgrade
ROUMANIE
Venise
Pola
Bosniaques
Serbes
SERBIE
Danube Fl.
BOSNIE
Sérajevo
DALMATIE
BULGARIE
Race germanique
Allemands, 11 millions
Race finnoise
Hongrois ou Magyars, 8 millions
Race slave : 23 millions
Tchèques, 7.5
Ruthènes, 3.5
Croates, 4
Polonais, 3.7
Slovènes, 1.3
Serbes, Dalmates
Race latine : Roumains 3 millions
Italiens 700 000
HERZÉGOVINE
Novibazar
MONTÉNÉGRO
Raguse
ALBANIE
MASSON et Cie, éditeurs.
SIEURIN, del.

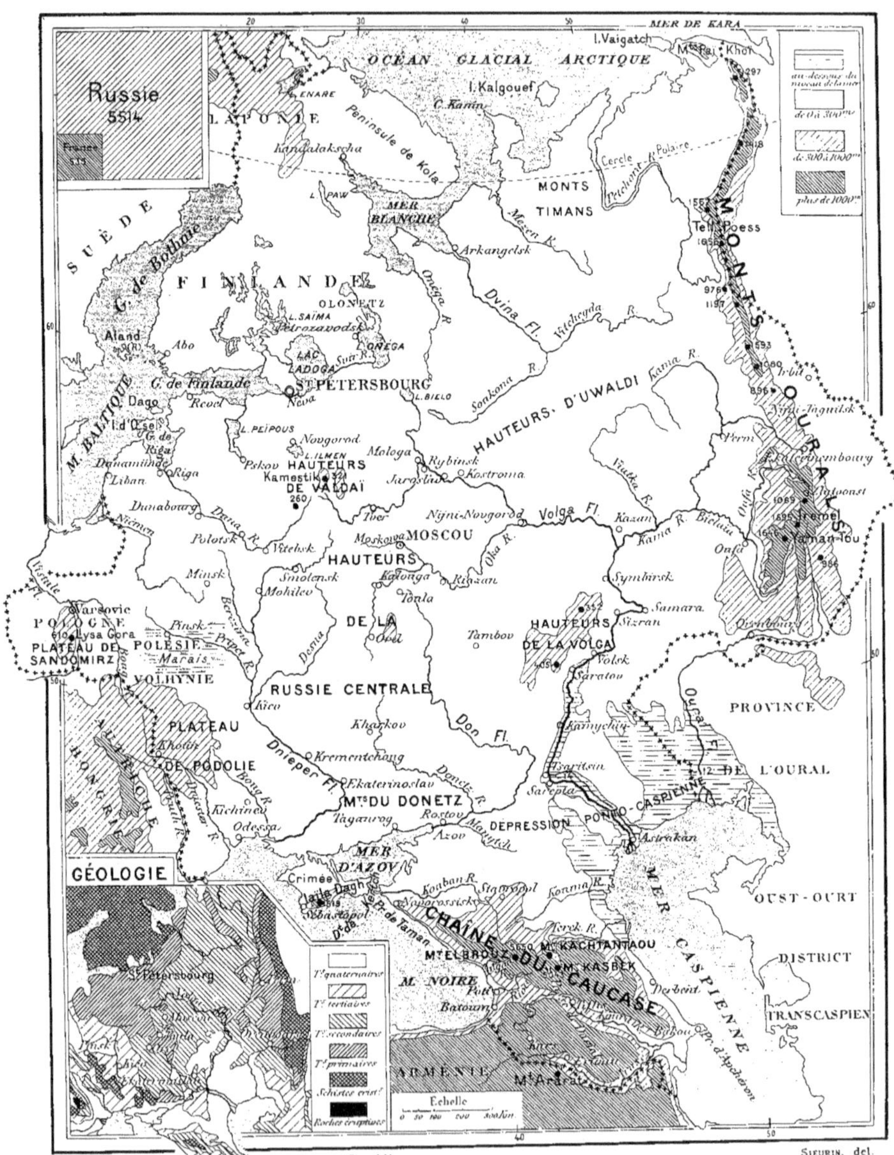

Masson et Cie, éditeurs.   SIEURIN, del.

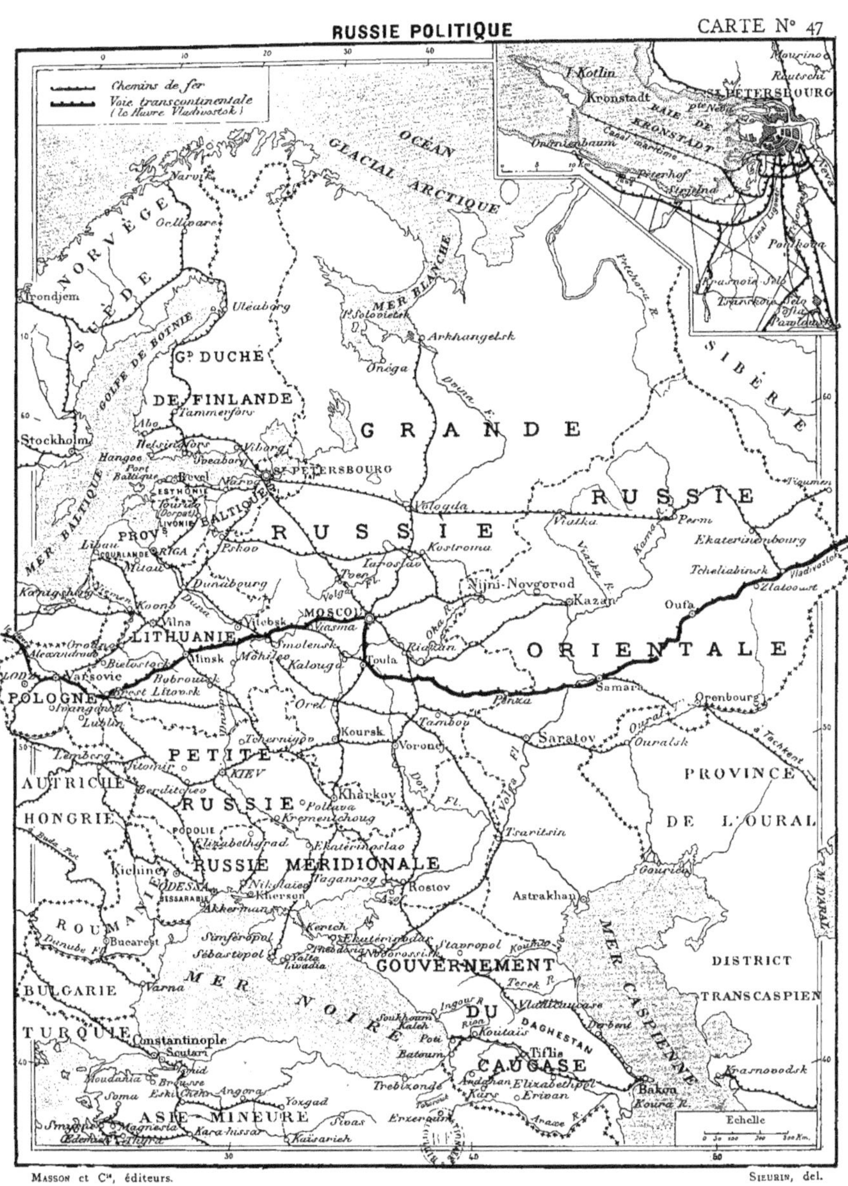
Chemins de fer
Voie transcontinentale
(le Havre Vladivostok)
OCÉAN GLACIAL ARCTIQUE
SIBÉRIE
I. Kotlin
Kronstadt
BAIE DE KRONSTADT
ST PÉTERSBOURG
Oranienbaum
Peterhof
Strelna
Neva
NORVÈGE
SUÈDE
Trondjem
Gellivare
Uleaborg
MER BLANCHE
P. Solovietsk
Arkhangelsk
Onega
Dvina
GP DUCHÉ
DE FINLANDE
Tammerfors
Abo
Helsingfors
Hangoe
Viborg
GRANDE
Stockholm
Port Baltique
Revel
Narva
ST PÉTERSBOURG
RUSSIE
Tioumen
ESTHONIE
Tours
Dorpat
LIVONIE
BALTIQUE
Vologda
Perm
Ekaterinenbourg
MER BALTIQUE
PROV CE
RIGA
Pskov
Viatka
Kama
Tcheliabinsk
Vladivostok
COURLANDE
Libau
Mitau
Kostroma
Zlatooust
Kœnigsberg
Niemen
Dunabourg
Tver Fl.
Iaroslav
Nijni-Novgorod
Oufa
Koono
Dvina
Volga
Kazan
ORIENTALE
Vilna
Vitebsk
MOSCOU
Oka R.
LITHUANIE
Viasma
Smolensk
Riazan
Orodno
Minsk
Mohilev
Kalouga
Toula
Samara
Orenbourg
Alexandrov
Bielostock
Brest Litovsk
Bobrousk
Orel
Penza
Oural
Tachkent
POLOGNE
Varsovie
Tchernigov
Tambov
Saratov
Ouralsk
Iwangorod
Lublin
KIEV
Koursk
Voronej
PROVINCE
Lemberg
Jitomir
PETITE
Don Fl.
AUTRICHE
Berditchev
RUSSIE
Kharkov
Volga
DE L'OURAL
HONGRIE
PODOLIE
Poltava
Kremientchoug
Tzaritsin
Elizabethgrad
Ekaterinoslao
Gouriev
Kichinev
RUSSIE MÉRIDIONALE
Taganrog
BESSARABIE
ODESSA
Nikolaïev
Kherson
Rostov
Astrakhan
Akkerman
ROUMANIE
MER CASPIENNE
Bucarest
Simferopol
Kertch
Ekaterinodar
Stavropol
DISTRICT
Danube Fl.
Sébastopol
Theodosia Novorossisk
Kouban
Yalta
Livadia
GOUVERNEMENT
BULGARIE
Varna
MER
DU
Terek R.
TRANSCASPIEN
Soukhoum Kaleh
Ingour R.
Vladicaucase
TURQUIE
NOIRE
Poti
Rion
DAGHESTAN
Derbent
Constantinople
Batoum
Koutais
Scutari
DU
Tiflis
Moudania
Brousse
Trebizonde
CAUCASE
Elizabethpol
Baku
Krasnovodsk
Soma
Eski Chehr
Angora
Yozgad
Kars
Erivan
Koura R.
ASIE-MINEURE
Sivas
Erzeroum
Araxe R.
Smyrne
Magnesia
Kara-hissar
Kaisarieh
Echelle
MER D'ARAL
Echelle

Pluies

Lignes Isothermes

Echelle
Kilomètres

OCÉAN   GLACIAL   ARCTIQUE   M. DE KARA

Phoques   Baleines

Rennes   Saumons   Ours Blancs   Rennes

Région des Toundras

LAPONIE

NORVÈGE

Cercle Polaire Arctique

SUÈDE

Harengs   Arkhangelsk   Dvina Fl.   Petchora   SIBÉRIE

GOLFE DE BOTNIE

Mélèzes   Pins   Sapins   Bouleaux

Fer

Granits

Abo   Bœufs   Loups   Ours

Renards

MER BALTIQUE   S.¹ Pétersbourg   Ind.ᵉˢ de Luxe et d'Art   Sapins   Tilleuls

Région Métallurgie

Ninie-Taguilski

Saumons   Lin   Chanvre   Chênes   Perm   Platine   Ekaterinembourg

Libau   Riga   Tissage   Rybinsk   Lin   Région Minière   Cuivre   Fer

de Terre   Iaroslaw   Kostroma

Lin   Tver   Lin   Cuirs

Région des Forêts

Sinolensk   Chevaux   Vladimir   Ninie-Novgorod   Cuivre

Moscou   Cuirs   Volga   Kazan   Bœufs   Oufa

Céréales   Région Industrielle   Chevaux

Varsovie   Pommes   Kalouga   Riazan

Fer   Armes   Houille   Toula   Cuivre   Or

Houille   Chanvre   Samara

Fer   Betteraves   Orel   Tambov   Orenbourg

Vistule   Jitomir   Kiev   Don   Saratov   PROVINCE DE L'OURAL

Région Agricole ou des Terres Noires

Tabac   Betteraves   Ural Fl.

AUTRICHE   Poltava   Tabac   Bœufs   Volga   Sel du Lac Elton   Région des

HONGRIE   Betteraves   Chevaux   Steppes   Chameaux   Steppes Salins

Ekaterinoslaw

Kichinev   Lin   Houille   Don   Astrakhan   M. D'ARAL

Vignes   Chantiers de Construction   Taganrog   Conserves

Odessa   Moutons   Porcs   Rostov   Pêche abondante   Esturgeons   Saumons

Blés   Esturgeons

ROUMANIE   Moutons   Région presque déshéritée   MER CASPIENNE

Danube   Salines   Vignes

BULGARIE   Sébastopol   Vignes   Plomb

MER   NOIRE   Vladicaucase

TURQUIE   Bosphore   Forêts

Poti   Batoum   Tiflis   Chênes   Bakou

Vignes   Hêtres   Pétrole

Oliviers   Muriers

MER D'AZOV   MER CASPIENNE   Principales Sources de Pétrole du Caucase

Vladicaucase   Bakou

MER NOIRE   Kutais   Chemins de fer   Sources

Poti   Tiflis   Elisabetpol

Batoum

Repartition du Sol de la Russie

Terrains de Toundras Improductifs et Steppes Salins

Forêts

Prairies

Champs Cultivés

MASSON et Cⁱᵉ, éditeurs.   SIEURIN, del.

Ch.ins de fer en exploitation
id. en construction
id. en projetés
Echelle
200 kilo
Spitzberg
OCÉAN GLACIAL ARCTIQUE
N.le Zemble (R.)
NORVÈGE
SUÈDE
M. BALTIQUE
ALLEMAGNE
AUTRICHE
Berlin
I. Kolguiev (R.)
Cercle
Polaire
Arctique
MER D'OKHOTSK
St Pétersbourg
RUSSIE
D'EUROPE
SIBÉRIE
Ob
Toungouska
Iénisséi
Léna
Aldan
Nikolaievsk
I. Sakhaline
Viasma
Moscou
Tobolsk
Tomsk
L. Baikal
Amour
Khabarovsk
Pinsk
Transsiberien
Atchinsk
Irclan
Stretensk
Vladivostok
Samara
Tchéliabinsk
Krasnoiarsk
Nijné Oudinsk
Nertschinsk
Ningouta
MER DU JAPON
Volga
Orenbourg
Omsk
Irtych
Kansk
Irkoutsk
Verkhné Oudinsk
Kaïdalovo
Kharbin
MER NOIRE
CAUCASE
Transcaucasie
MER CASPIENNE
Séminalatinsk
Sergiopol
Désert de Gobi (Cha-mo)
Pékin
Moukden
Batoum
Tiflis
Derbent
Kasalinsk
L. Balkhach
Tien-tsin
Takou
Daïren
Port-Arthur (au Japon)
EMPIRE OTTOMAN
Bakou
M. D'ARAL
Kopal
Pao-ting
M. JAUNE
Krasnovodsk
Tachkent
Vernyi
CHINE
Nankin
Chang-haï
TURKESTAN
Kokhand
Andidjan
PERSE
Bokhara
Khodjent
Transcaspien
Merv
Marghilan
Han-kéou
à fou-tcheou
Herat
Samarkand
Kouček
à Canton

Aho
L. Saïma
Duna Fl.
Vitchegda
Canal Catherina
Viborg
Lac Ladoga
L. Ouéga
Soukhona
Kama
St PÉTERSBOURG
Svir
C.al Marie
C.al du Duc de Wurtemberg
Perm
Repel
Schüsselbourg
C.al de Tickwin
F. Blanc
Viatka
MER BALTIQUE
Nongorod
L. Ilmen
C.al de Vichni Volotchek
Rybinsk
Volga
Viatka
Bélaïa
Riga
Tuer
Nijni-Novgorod
Kama
Oufa
Canal de la Baltique
Duna Fl.
Niemen
Kovno
Niemen
Oka
Moscou
C.al de la Duna
Bug
Mohileo
Boyrouisk
C.al van
Don Fl.
Varsovie
C.al Oginski
C.al Royal
Pripet
Pripet
Vistule Fl.
Desna
Kiev
Dniepr Fl.
Mer Noire Fl.
Donetz
Volga Fl.
Tzaritzin
Astrakan
CANAUX
ET
VOIES NAVIGABLES
Canaux
Echelle
Kilomètres
Kherson
M. NOIRE
M. D'AZOV

CARTON D'ENSEMBLE
SUÈDE
Arkhangelsk
L. Onéga
L. Ladoga
M. BALTIQUE
Kazan
Volga
Oka
Orenbourg
Astrakan

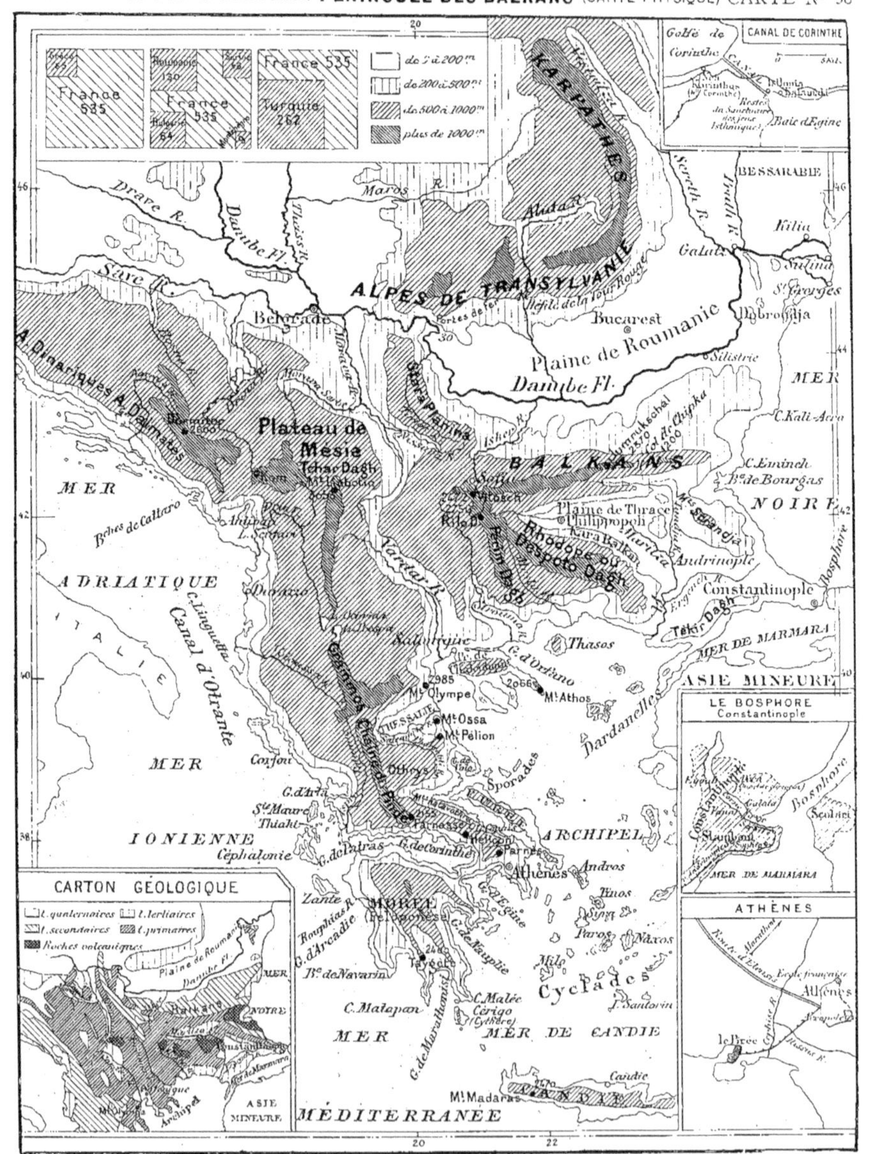
CANAL DE CORINTHE
Golfe de Corinthe
BESSARABIE
KARPATHES
Maros R.
Drave R.
Danube Fl.
Theiss R.
Sereth R.
Pruth R.
Kilia
Galatz
Soulina
St Georges
Dobrodja
ALPES DE TRANSYLVANIE
Defilé de la Tour Rouge
Portes de fer
Bucarest
Plaine de Roumanie
Danube Fl.
Silistrie
MER
C. Kali-Acra
Save R.
A. Dinariques A. Dalmates
Belgrade
Plateau de Mesie
Tchar-Dagh
Mt Liaboti
BALKANS
Col de Chipka
Plaine de Thrace
Philippopoli
NOIRE
C. Eminch
Bté de Bourgas
MER
Bches de Cattaro
Antivari
L. Scutari
Kilo
Rhodope ou Despoto Dagh
Kara Balkan
Maritza
Ms Strandja
Andrinople
ADRIATIQUE
C. Linguetta
Canal d'Otrante
ITALIE
Durazzo
Vardar R.
Constantinople
Tékir Dagh
MER DE MARMARA
ASIE MINEURE
LE BOSPHORE
Constantinople
Salonique
G. d'Orfano
Thasos
Mt Olympe
2985
Mt Athos
2066
Dardanelles
Constantinople
Scutari
MER
Corfou
THESSALIE
Mt Ossa
Mt Pélion
Othrys
Sporades
ARCHIPEL
MER DE MARMARA
IONIENNE
Ste Maure
Thiaki
Céphalonie
G. de Patras
G. de Corinthe
Parnès
Athènes
Andros
ATHÈNES
le Pirée
Athènes
CARTON GÉOLOGIQUE
t. quaternaires
t. tertiaires
t. secondaires
t. primaires
Roches volcaniques
Zante
MOREE
Péloponèse
G. d'Arcadie
Bie de Navarin
Plaine de Roumanie
MER NOIRE
G. d'Egine
Paros
Naxos
Milo
Cyclades
Santorin
C. Malée
Cérigo
Athènes
ASIE MINEURE
Bie de Marathon
G. de Marathonisi
C. Malapan
MER
MER DE CANDIE
Candie
Mt Madaras
CANDIE
MÉDITERRANÉE
de 2 à 200 m
de 200 à 500 m
de 500 à 1000 m
plus de 1000 m
France 535
Turquie 262

Capitales
Villes principales
Autres villes
en projet
construits
Ch.ins de fer
Limites d'États
Limites de provinces
RUSSIE
MOLDAVIE
Iassy
Pruth R.
Sereth
AUTRICHE - HONGRIE
Maros R.
Aluta R.
Galatz
Kilia
Sulina
Vienne
Drave R.
Brod
Danube Fl.
à Buda-Pest
Save R.
Belgrade
Orsova
Portes de fer
ROUMANIE
Bucarest
Kastendje
BOSNIE
(à l'Autriche)
Serajevo
SERBIE
Craiova
VALACHIE
Giurgevo
Widdin
Silistrie
Routschouk
MER
HERZEGOVINE
Uvac
Danube Fl.
Morava St.
Sandjak
de
Novi-Bazar
Nich
Pirot
Iseker
Tirnovo
BULGARIE
Choumla
Varna
MONTENEGRO
Mitrovitza
Morava
Sofia
Kezanlik
ROUMÉLIE OR.Le
Bourgas
NOIRE
Cettigne
Vardar
Uskub
Philippopoli
Andrinople
Scutari
ALBANIE
Strouma
CONSTANTINOPLE
Durazzo
Monastir
THRACE
Rodosto
Ochrida
Sérès
Orfani
Enos
MER DE MARMARA
L. Presba
MACÉDOINE
Salonique
I. Thasos
ASIE
MINEURE
Corfou
Janina
ÉPIRE
Trikala
Volo
Larisse
ARCHIPEL
GRÈCE
Lamia
I. Eubée
Chalcis
Missolonghi
Patras
ATHÈNES
Le Pirée
Corinthe
Morée
Nauplie
Pyrgos
Tripolitza
I. Syra
Navarin
Kalamata
MER IONIENNE
MER ADRIATIQUE
ITALIE
MER DE CANDIE
MER MÉDITERRANÉE
Candie
CRÈTE
CARTE ÉCONOMIQUE
Forêts
Élevage
Forêts
Moutons
Céréales Maïs Froment Tabac
Bucarest
Danube
Vins
Froment
Vignes
Arbres fruit.s
Mines
Houille
Vers à Soie
Roses
Bœufs
Chevaux
Élevage
Forêts
Fer
Moutons
Tabac
Muriers
Chevaux
Coton, tabac
Riz Maïs
Constantinople
Moutons
Tabac
Vins
Forêts
Moutons
Tabac
Légumes
Vins
Moutons
Vins
Oliviers
MER
IONIENNE
Oliviers
Vins
MER NOIRE
RACES
SLAVES
LATINS
GRECS
TOURANIENS
AUTRICHE-HONGRIE
SERBIE
ROUMANIE
MONTENEGRO
BULGARIE
MER
IONIENNE
Candie

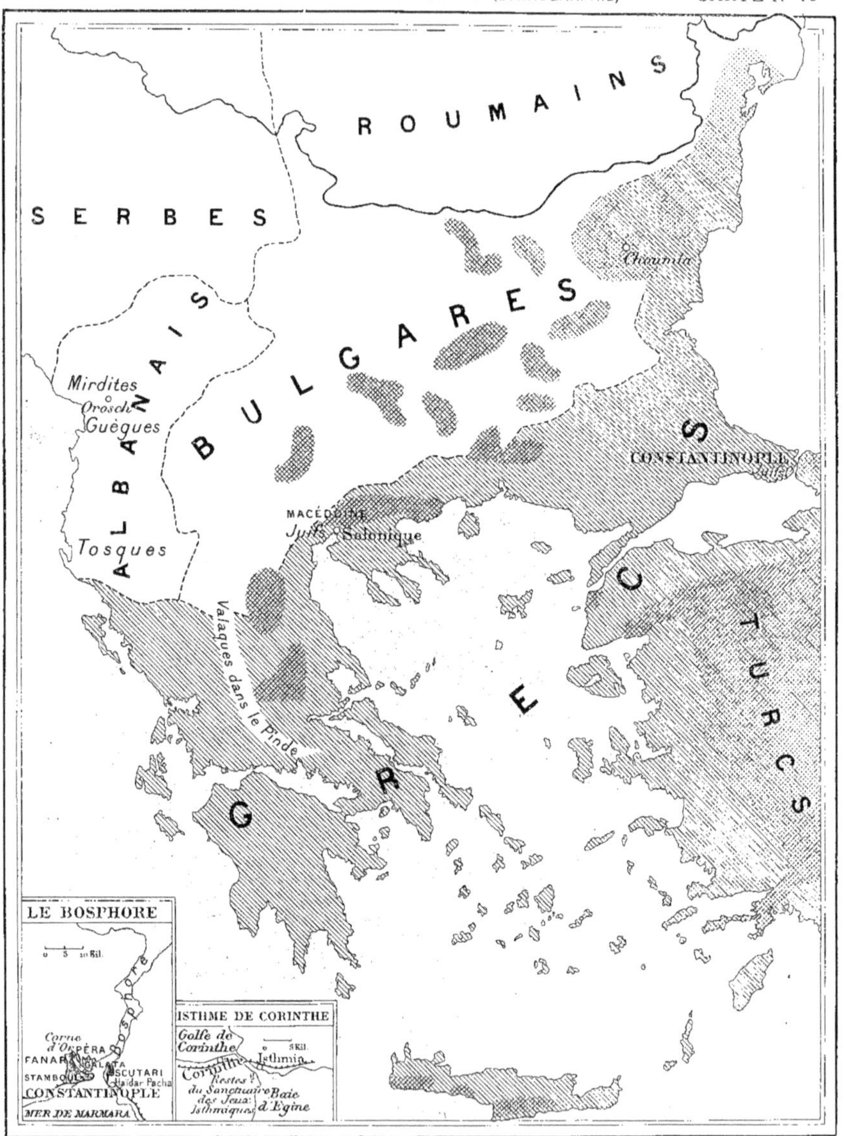
ROUMAINS
SERBES
BULGARES
ALBANAIS
Mirdites
Orosch
Guègues
Tosques
Chaumla
CONSTANTINOPLE
MACÉDOINE
Juifs Salonique
Valaques dans le Pinde
GRECE
TURCS
LE BOSPHORE
0   5   10 Kil.
Corne
d'Or
FANAR
STAMBOUL
GALATA
SCUTARI
Haidar-Pacha
CONSTANTINOPLE
MER DE MARMARA
PÉRA
ISTHME DE CORINTHE
Golfe de
Corinthe
Corinthe
Restes
du Sanctuaire
des Jeux
Isthmiques
Isthmia
Baie
d'Égine
5 Kil.

Masson et Cie, éditeurs.   SIEURIN, del.

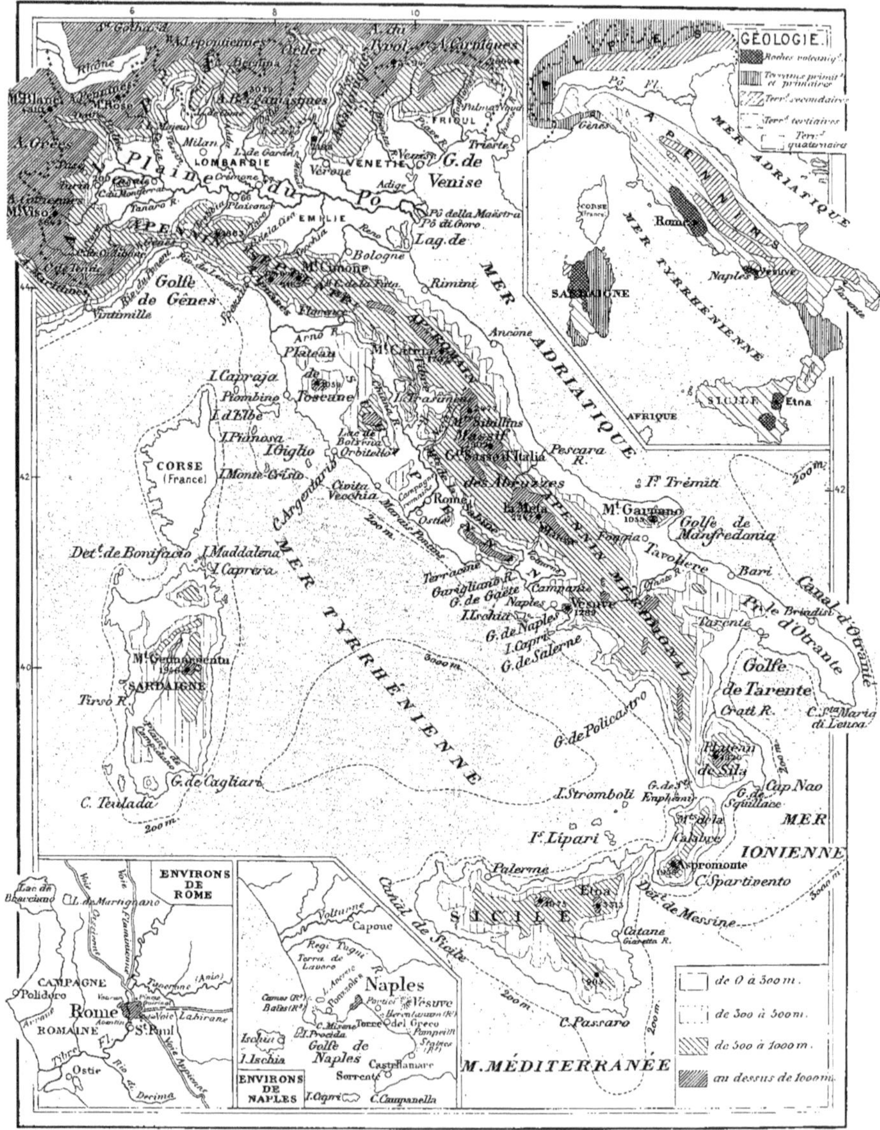
GÉOLOGIE.
Roches volcaniq.
Terrains primit. et primitive
Terr. secondaires
Terr. tertiaires
Terr. quaternaire
MER ADRIATIQUE
MER TYRRHÉNIENNE
APENNINS
Rome
Naples
Vésuve
CORSE France
SARDAIGNE
SICILE
Etna
AFRIQUE
Pô Fl.
Gênes
Plaine du Pô
LOMBARDIE
VENETIE
G. de Venise
Milan
Vérone
Venise
Trieste
FRIOUL
Adige
Crémone
L. de Garda
EMILIE
Bologne
Lag. de
Rimini
Ancône
Rimini
MER ADRIATIQUE
M. Blanc
A. Grées
Turin
M. Viso
Golfe de Gênes
Vintimille
APENNINS
Arno R.
Plateau de Toscane
I. Capraja
Piombino
L. d'Elbe
I. Pianosa
I. Giglio
I. Monte-Cristo
CORSE (France)
M. Cimone
M. Catria
M. Sibillins
Massif
G. Sasso d'Italia
des Abruzes
Pescara R.
Gd. Trémiti
M. Gargano
Golfe de Manfredonia
C. Argentaro
Civita Vecchia
Rome
Ostie
la Meta
Foggia
Tavoliere
Bari
Canal d'Otrante
I. le Brindisi
Det. de Bonifacio
I. Maddalena
I. Caprera
MER TYRRHÉNIENNE
Terracine
Garigliano R.
G. de Gaste
I. Ischia
Naples
Vésuve
G. de Naples
I. Capri
G. de Salerne
Tarente
Golfe de Tarente
Crati R.
C. pta Maria di Leuca
M. Gennargentu
SARDAIGNE
Tirso R.
G. de Cagliari
C. Teulada
G. de Policastro
Plateau de Sila
G. de S. Euphémie
Cap Nao
G. de Squillace
M. de la Calabre
MER IONIENNE
Aspromonte
C. Spartivento
Dét. de Messine
I. Stromboli
I. Lipari
Palerme
SICILE
Etna
Catane
Giaretta R.
C. Passaro
M. MÉDITERRANÉE
Canal de Sicile
ENVIRONS DE ROME
Lac de Bracciano
L. de Martignano
CAMPAGNE
Polidoro
Rome
ROMAINE
St Paul
Ostie
Voie Flaminienne
Voie Salaria
Tibre Fl.
ENVIRONS DE NAPLES
Volturne
Capoue
Regi Lagni
Terra de Lavoro
Naples
Vésuve
Torre del Greco
Castellamare
Sorrente
Golfe de Naples
I. Ischia
I. Procida
C. Campanella
de 0 à 300 m.
de 300 à 500 m.
de 500 à 1000 m.
au dessus de 1000 m.

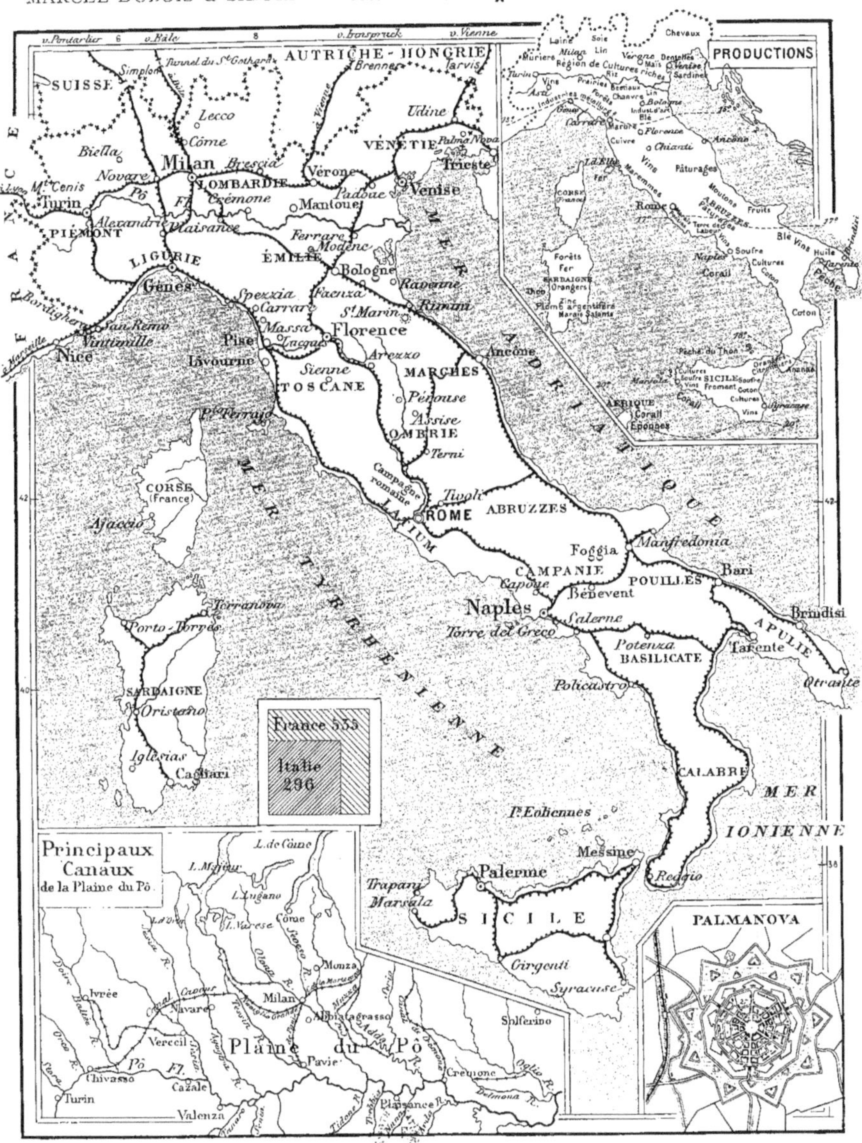
PRODUCTIONS
AUTRICHE-HONGRIE
SUISSE
FRANCE
v.Pontarlier
v.Bâle
v.Innspruck
v.Vienne
Simplon
Tunnel du St Gothard
Brenner
Jarvis
Lecco
Côme
Udine
Biella
VÉNÉTIE
Palma Nova
Novare
Milan
Brescia
Vérone
Trieste
LOMBARDIE
Crémone
Padoue
Venise
Turin
Pô
Mantoue
Mt Cenis
PIÉMONT
Alexandrie
Plaisance
Ferrare
Modène
MER
LIGURIE
ÉMILIE
Bologne
Gênes
Spezzia
Faenza
Ravenne
Bordighera
Carrare
St Marin
Rimini
San Remo
Massa
Florence
ADRIATIQUE
Vintimille
Pise
Lacqua
Arezzo
Ancône
Nice
Livourne
Sienne
MARCHES
TOSCANE
Pérouse
Pto Ferrajo
Assise
OMBRIE
Terni
CORSE
(France)
Campagne
romaine
Tivoli
LATIUM
ROME
ABRUZZES
Ajaccio
MER
Foggia
Manfredonia
CAMPANIE
Bari
Terranova
Capoue
POUILLES
Porto-Torrès
Bénévent
Naples
Salerne
Brindisi
TYRRHÉNIENNE
Torre del Greco
APULIE
Potenza
Tarente
BASILICATE
Otrante
SARDAIGNE
Policastro
Oristano
France 555
Italie
296
CALABRE
Iglesias
MER
Cagliari
IONIENNE
Pes Éoliennes
Messine
Principaux
Canaux
de la Plaine du Pô
L. de Côme
Palerme
Reggio
L. Majeur
Trapani
Marsala
L. Lugano
SICILE
L. Varèse
Côme
Girgenti
Monza
Syracuse
Ivrée
Milan
Solférino
Navare
Verceil
Abbiategrasso
Plaine du Pô
Pavie
Pô
Crémone
Chivasso
Cazale
Turin
Valenza
Plaisance
PALMANOVA

LA PÉNINSULE IBÉRIQUE (CARTE PHYSIQUE)

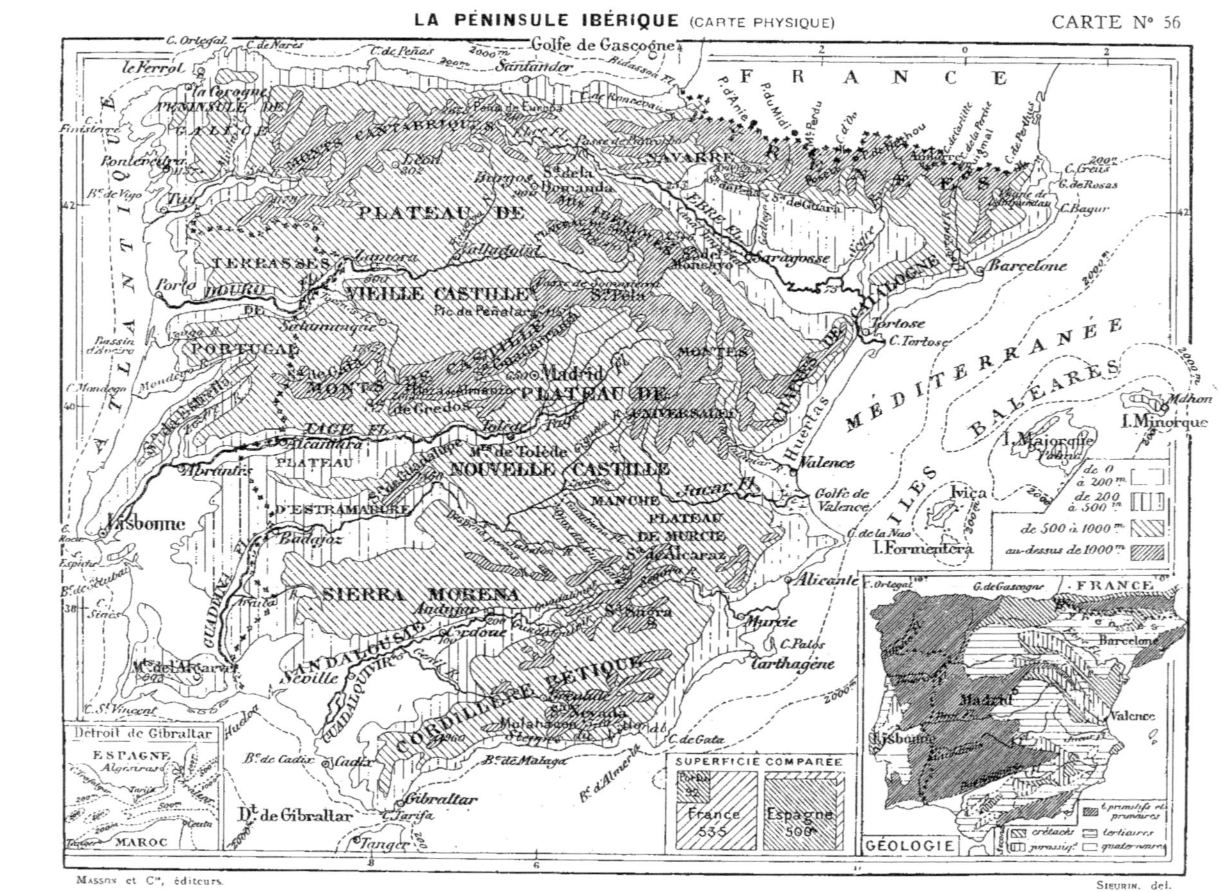

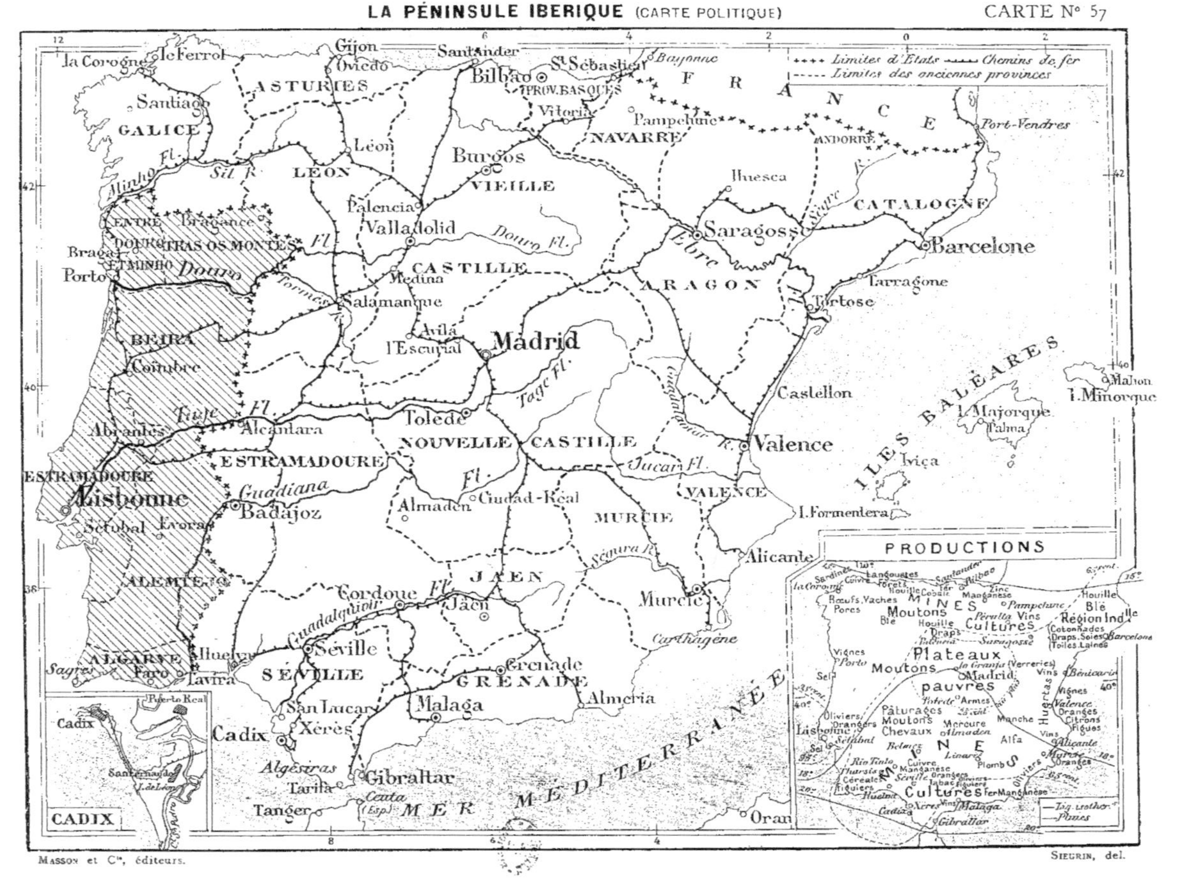

Masson et Cie, éditeurs.   Siegrin, del.

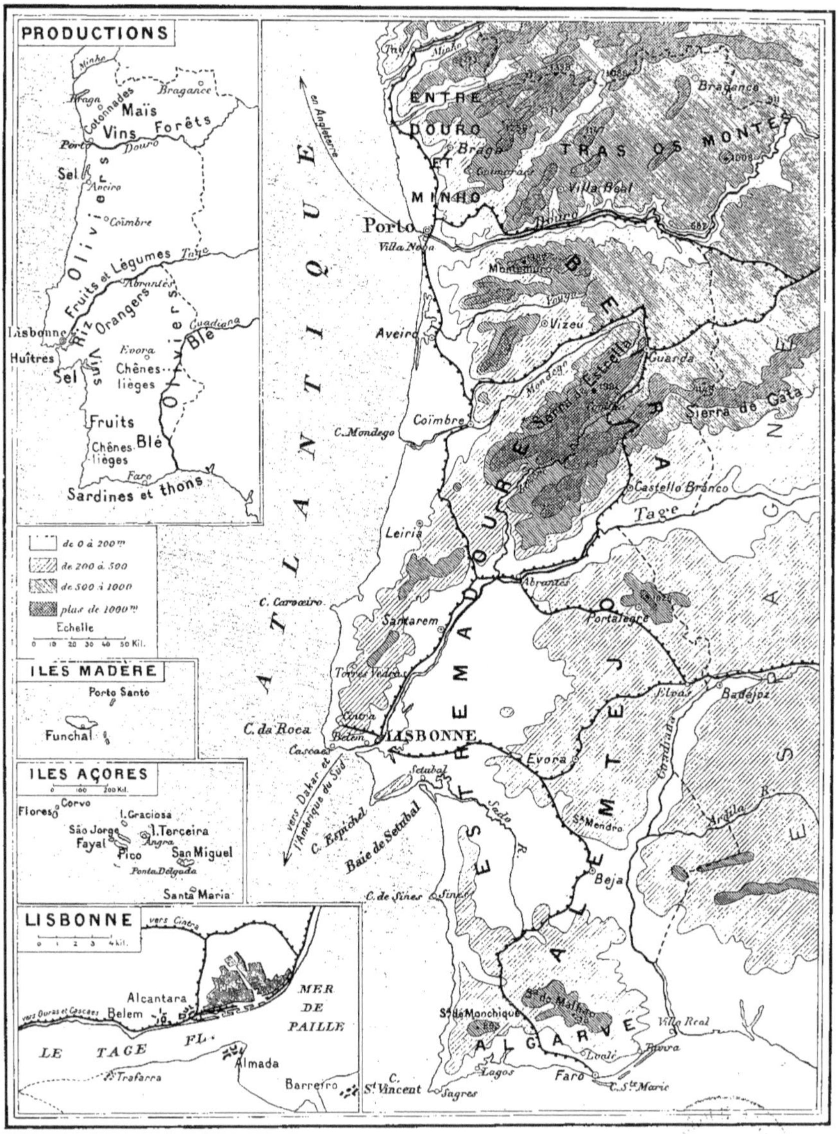

PRODUCTIONS
Minho
Braga
Bragance
Maïs
Cotonnades
Vins
Forêts
Porto
Douro
Sel
Aveiro
Oliviers
Coïmbre
Fruits et Légumes
Tage
Abrantès
Riz
Orangers
Guadiana
Lisbonne
Evora
Blé
Huîtres
Oliviers
Chênes-lièges
Sel
Vins
Fruits
Chênes-lièges
Blé
Faro
Sardines et thons

de 0 à 200 m
de 200 à 500
de 500 à 1000
plus de 1000 m
Echelle
0 10 20 30 40 50 Kil.

ILES MADÈRE
Porto Santo
Funchal

ILES AÇORES
0   100   200 Kil.
Corvo
Flores
I. Graciosa
São Jorge
I. Terceira
Angra
Fayal
Pico
San Miguel
Ponta Delgada
Santa Maria

LISBONNE
vers Cintra
0 1 2 3 4 kil.
vers Ouras et Cascaes
Alcantara
Belem
MER DE PAILLE
LE TAGE FL.
Almada
P. Trafaria
Barreiro
St Vincent

OCÉAN ATLANTIQUE
en Angleterre
Thy Minho
ENTRE
DOURO
Braga
TRAS OS MONTES
ET
Coïmbra
Villa Real
MINHO
Bragance
Porto
Villa Nova
Montemuro
B
Vouga
Aveiro
Vizeu
E
Guarda
Mondego
Serra da Estrella
Sierra de Gata
C. Mondego
Coïmbre
A
Castello Branco
Tage
Leiria
I
Abrantès
R
C. Carvoeiro
Santarem
Portalegre
A
Torres Vedras
E
Elvas
Badajoz
Cintra
Belem
LISBONNE
M
Cascaes
C. da Roca
Evora
A
vers Dakar et
l'Amérique du Sud
Setubal
D
C. Espichel
Sado R.
S
Baie de Setubal
E
U
Argila R.
St Mendro
R
E
Beja
C. de Sines
A
L
Sde Monchique
Sa de Malhão
Villa Real
Tavira
ALGARVE
Loulé
Lagos
Faro
C. St Marie
C. St Vincent
Sagres